PEDRO E. MIRANDA TORRES

VÍSPERA…

Versos de espiritualidad, picardía y esperanza

Publisher: Ediciones Didásko
San Juan, Puerto Rico

E-mail: ediciones.didasko@gmail.com

Revisado y editado por: Dr. Edgardo J. Fuentes Colón
Dra. Anaida Pascual Morán
Dr. Luis N. Rivera-Pagán

Diseño de portada y maquetación: Eliezer E. Burgos-Rosado

ISBN: 979-8-9883271-5-8

A quienes confrontan e inspiran;
porque su insatisfacción deja huellas

A Serio, Estrella y Juez,
mis compañeros y compañera de aventuras [1]

A marzo florido,
la mejor de mis primaveras

---

[1] Cuando mis dos hijos y mi hija eran pequeños, tenía por costumbre contarles historias antes de dormir. Con frecuencia estaban vinculadas a las experiencias vividas durante el día. Por medio de estas historias enfatizaba algún valor para la vida. Siempre ellos eran los protagonistas de las historias y los nombres ficticios de los personajes eran Serio (el hijo mayor), Estrella (la hija) y Juez (el hijo menor). Ellos sabían quiénes eran porque el seudónimo nace de parte del significado de sus propios nombres. Ellos, juntos, son mi principal y más importante historia de amor. A ellos dedico todas mis obras.

CONTENIDO

A MODO DE PRÓLOGO

El autor de este poemario nos entrega una visión de la vida llena de expectativas teológicas y existenciales. Expresa en simbiosis elocuente el contenido de su fe en Dios y el elemento pragmático del devenir humano. Porque eso somos realmente, presente y futuro, todo enmarcado dentro de una espiritualidad que tiene su génesis en el entorno de la fe en Dios, del cual deriva el sentido de la vida y por ende la razón de ser. Desde ese norte de fe centrado en su relación con Dios, surge esta creación literaria. Así lo afirma el autor en un momento, harto profundo, de inspiración espiritual: *me pareció haber tenido una revelación de amor de parte de Dios y una inyección de esperanza.*

En una primera mirada a esta creación poética encuentro una visión pragmática de un pensar existencialista que no renuncia a la fe en Dios y se abraza a la esperanza. Fe en el Dios encarnado que participa intencionalmente de la realidad humana dándole sentido a lo que para muchos carece de valor y trascendencia:

> *Emanuel es compañía*
> *perenne para que se acuerde*
> *quien cree que de lo más*
> *distante del infinito incierto*
> *llega sin pompa un albor*
> *celeste…*

Se me figura entonces ver del poeta una profunda visión del carácter de Dios en función de su proyecto de transformación salvífica. Por su inmanencia en el devenir humano, Dios en Cristo encarna los valores que le dan sentido a la vida desde lo que puede parecer pequeño y por ende sin trascendencia. En su poema *La entrada no triunfal* nos dice:

No fue gloriosa ni tampoco esperada
No fue en caballo ni con sello real,
un burro expropiado y capas ajenas…

Es Dios revelado en lo que se distancia de toda gloria humana para entregarnos lo que salva desde una cruz; ignominia para una sociedad que sólo valora lo pomposo y rechaza lo humilde. Al centro del entorno de su fe, en paradójica expresión, el poeta se descubre como un ser en autobiografía contradictoria: *soy pecado y soy gracia, soy obediencia y maldición.* Es que así somos, como el apóstol Pedro, que reconoce la divinidad de Jesús y luego lo niega. Aun así, el poeta afirma de manera redentora:

Soy y seré Maestro
tu compañero desnudo
soy y seré
tu imagen sudada...

Ante la angustia existencial que en un momento puede retar la fe, Dios aparece como norte de esperanza para darle sentido a la vida: la vida que diariamente nace crece, se desarrolla y entierra toda memoria de un pasado infructuoso. Así lo expresa el poeta celebrando la vida nueva:

Una lluvia del reino donde los dones perfuman
todo ese cuerpo cabal que ha vuelto a nacer.

Desde su grito existencial, el poeta lanza su evangelio de espiritual condescendencia con todo el entramado social; una nota positiva que define su optimismo. En su poema *Puerto Rico en ti confío* nos entrega una visión esperanzadora del macro holístico de la humanidad superando en esa visión filosófica al nihilismo del filósofo Friedrich Nietzsche que niega todo pensamiento de esperanza. Descubro mientras leo y veo en el alma de este insólito poemario el desarrollo de un profundo interés por penetrar en el misterio que entraña la vida y que el apóstol Pablo lo transfiere al esclarecimiento final de Dios: *Ahora nuestro conocimiento es parcial e incompleto... sin embargo cuando llegue el tiempo de la perfección esas cosas parciales se volverán inútiles* (Romanos 13.9-10).

Poeta, siempre vivimos en la víspera de lo que esperamos porque celebramos en el ahora el fruto de la presencia de Dios que se trueca en momentos de espiritual alegría. Todo en esta vida es el preludio de lo que un día disfrutaremos en el predio eterno del reino de Dios. Cada momento que vivimos es una víspera pues la vida es un devenir que sólo tiene su final consumación cuando lo eterno cubra cada renglón de la naturaleza humana y esa es la perfección de la cual nos habla el apóstol Pablo. El poeta nos entrega, para calmar nuestra emoción existencial, una luz que alumbra el camino con frecuencia incierto lo que define el carácter evangélico de su persona y pensamiento. En su poema *Press Enter* nos dice:

En tiempo de reto se crece el que siembra...

Aquí donde el nihilismo no encuentra oportunidades de gracia, el evangelio se engrandece dándonos opciones de vida porque el amor de Dios, que es por la gracia, se inserta en la solidaridad de la amistad de los que se acercan para entregarnos el abrazo fraternal, aunque no seamos santos y en ocasiones nos encontremos luchando con nuestra limitación humana; como lo expresa el poeta en *Amigos en sequía.* En el existencialismo poético de este autor encontramos el valor espiritual de los que emulan al Maestro que no hace acepción de personas y se acerca precisamente a los que otros rechazan porque les falta la gracia que engendra la compasión y la misericordia. Esa solidaridad con todos que trasciende lo que nos puede diferenciar creativamente a unos de otros es la víspera que se vive con altura fraternal, y que en el ahora da sentido a la universalidad del amor evangélico que nos legó el Señor.

Descubrimos en este poemario una pasión por la justicia y la nobleza que debe marcar la ruta del devenir humano. Precisa reconocer la voz de Dios aún en lo que limitamos a la jurisdicción de lo humano, porque en lo que creemos secular Dios puede hablarnos. Creo que así lo expresa el poeta en su poema *Por qué*:

Por qué no danzar a la usanza del tiempo
que revela el designio supremo de Dios…

Es el imperativo categórico para reconocer lo que es justo dentro de las vivencias sociales y políticas para afirmar su relevancia en el orden de los reclamos salvíficos del evangelio: para asirse a todo lo que encarna vida y no muerte (ver el poema *Inocencia aguerrida*).

Es notorio reconocer en esta reflexión poética, libre de versificación reguladora, el noble gesto de Pedro al entregarnos elocuentes datos biográficos de personas que de alguna manera fueron o son referentes para su vida. Este es un loable testimonio de justicia relacional donde prima la altruista intención de afirmar el valor de la amistad y el respeto por quienes han sido portadores de la gracia divina en función de su colaboración a la vida y predicación del evangelio. Digno es distinguir en ese grupo a compañeros y compañeras de diverso pensar, más todos fieles al mensaje que Dios nos entregó en su divina revelación en Cristo. Al distinguir el valor y la nobleza de los demás en su creación poética, el autor se aleja de todo preciosismo literario y nos permite disfrutar de una poesía de relevancia social y vanguardista sin un lirismo intrascendente: es la poesía que tiene como finalidad reconocer la nobleza y la calidad de vida de quienes han hecho loables aportaciones a la iglesia y, por ende, a la sociedad. Mandatorio para quien escribe es reconocer también el alto grado axiológico y espiritual que surge de su reflexión cristiana, todo marcado por una preclara sinceridad, al entregar al Señor su profundo sentir:

Dónde estás mi Señor…

un verso que contiene el reclamo existencial de quién puede en algún momento experimentar la angustia que le produce su inserción en las contradicciones que, en ocasiones, definen el carácter de la vida humana. Más en todo ese panorama existencial surge la vivencia paternal que le llega como un bálsamo moral que afirma su sentido de vida. Así nos lo da a conocer:

Entonces llegaste hijo mío a ser luz del camino…

¡Qué bueno es saber que en medio de esa crisis existencial se salvó una vida gracias a la enorme trascendencia del amor filial! Celebramos también la salvación de un hombre que en medio de sus grandes preguntas existenciales y su interpelación a la fe (lo cual hace con respeto reconociendo la pertinencia de lo divino), reconoce la soberanía de Dios y se arriesga a creer en Él. Recuerdo las palabras del filósofo Pascal en el siglo XVII: *Yo creo en Dios si él no existe no pierdo nada, pero si existe gano mucho.*

Poeta, esa es tu salvación, creer en esa soberanía divina que crea la vida y la sostiene cuando afirmamos que Él, por la gracia de esa creación, es la medida de todas las cosas (ver poema *Dios padre… padre íntimo*). Sé también, amigo poeta, que el reconocimiento que haces de los que te aman evidencia la realidad del orden revelacional de Dios en la universalidad de las relaciones interhumanas: en el eros, en el amor filial y, sobre todo, en el ágape, amor que define el carácter misericordioso de Cristo. Existe un reclamo para el ser humano, para todo el componente de la demografía social: somos vulnerables y con frecuencia contradictorios. Así lo expresa el autor:

Consumamos nuestra angustia yo igual tengo mis dudas.

Porque no somos perfectos, ya que lo perfecto es lo acabado y el ser humano es proyecto y devenir.

En este poemario, Pedro, con inusual arrojo, demuestra su valentía y su integridad intelectual descubriendo su ser íntimo sometiéndolo al criterio cognitivo de la sociedad. De esa manera reconoce su debilidad existencial, decisión moral que le deja lo íntimo de su ser a la soberanía de Dios emulando la declaración trascendental del apóstol Pedro: *Señor sin ti nada somos y nada podemos hacer.* Es también loable como este autor exhibe, a la luz social, su pragmática sensibilidad en poemas que rozan lo romántico, siempre con la intención de transparentar un mensaje de preclaro valor relacional donde esa perspectiva descubre su ser con regia *hombridad* volitiva a quien quiere elogiar:

No hagas caso al cautivo para los dones que exhibes
que fluyan y brillen eres joven embiste.

Otra vez el autor trasciende sus inquietudes existenciales al alimentar su fuero privado con el mensaje solidario que insiste en entregar en beneficio de los demás ese gesto salvífico de ingente valor altruista que se trueca en alto sentido espiritual, elemento conductual importante que ratifica su calidad humana.

Finalmente, no con mucha facilidad y entendimiento, percibimos el marco filosófico que impera en la cosmovisión del autor. Según nuestra humilde y limitada apreciación no vemos nihilismo y, por ende, negación última en esta creación poética. En ocasiones, priva en el poeta un dejo de nostalgia existencial, mas sin alguna huella de desarraigo. Siempre al final de su testimonio de vida prevalece la fe en Dios. Surcan sobre su mente idearios y cuestionamientos de talante teológico que marcan su visión existencial del devenir humano. La creación poética le permite divagar entre realidades, quimeras y sueños; pero así es la poesía. La vida es también misterio, devenir que con frecuencia desconocemos. En ese entorno existencial nacen paradojas que se convierten en genuinas y grandes preguntas. Sin embargo, de cúmulo interminable de esas paradojas y contradicciones, el autor columbra un rayo de esperanza.

Admiro y confieso que inquieta la franca apertura de índole personal que refleja el autor en varios de sus poemas. Interpreto que tal intimidad define la realidad intrínseca de su ser. Colijo que no ha sido fácil para Pedro abrir su intimidad al criterio público. Sé que su meta es de carácter reconciliador y andragógico. Que cada instancia de su vida incide en la manera como él aprecia el contenido de la revelación divina, cómo interpretar el carácter teológico del devenir humano y cómo apropiarse de él para que su vida tenga sentido.

Por lo extenso de este poemario no es posible ampliar el contenido de este prólogo. Abrigo la esperanza de que el poeta pueda seguir buscando día a día la dirección divina, única manera de encontrarle sentido a la vida humana recordando lo que dice el texto bíblico: *Porque en Él somos y en Él nos movemos.*

Rvdo. Elías Cotto Cruz, 2025

LA VÍSPERA

Pienso y siento que la vida en el Espíritu es como un dínamo que está presente en cada experiencia de nuestro caminar. No podemos segregar la acción y la inspiración que se produce cuando vivimos un momento que llamamos comúnmente espiritual[2] . Lo hacemos las personas creyentes de la fe cristiana y también lo hacen creyentes de otras tradiciones o de ninguna tradición. Aun aquellos que se consideran ateos, agnósticos o pluriespirituales, todas las personas encarnamos y vivimos de alguna manera lo que yo llamo la espiritualidad. De mi parte, la espiritualidad es nuestra capacidad para abrirnos a lo trascendente y a la práctica del amor (Frei Betto). En esta peligrosa experiencia del amor se cree, se quiere, se entrega, se sufre, se odia, se perdona y siempre existe la posibilidad del encuentro hacia nuevos escenarios. Es tan intenso el arte de amar que nos reta a una vida de muchos renuevos. No obstante, expresar lo que se siente, aunque no desemboque en actos concretos, es señal e historia de camino y, por qué no decirlo, camino de historias.

Lo que a continuación se presenta no es más que la estampa de algunos momentos que han dejado huella en mi caminar. La vida y el Dios encarnado en Jesús de Nazaret me han sonreído con momentos de mucho valor y con experiencias muy edificantes. Algunas han sido muy gratas. Otras, muy dolorosas. Muchas han sido escuela y otras, todavía lo son. Aquí se retratan experiencias amplias de este devenir. Se encuentran mis diálogos con Jesús, la fe, la esperanza, el hogar, la

---

2 Sobre esa idea no sobra la lectura del poeta físico Alan Lightman, en particular *The Trascendent Brain: Spirituality in the Age of Science.*

familia, la iglesia, el amigo y la amiga, las relaciones, las anti-relaciones, la vulnerabilidad, la fragilidad, la patria, el poder, Cristo y las imágenes de Dios. Confligen verdades y mitos, nostalgias y fracasos, metas y quimeras, alegrías y lágrimas. En fin, lo que somos todos los días de nuestra breve estancia por este mundo. El título de esta publicación responde a todo esto. Pero hay algo más. Por qué *Víspera.*

El poema *Víspera* le brinda título a esta obra. Fue escrito una noche en Chicago. La razón del viaje estuvo relacionada a una investigación para un libro que estaba escribiendo en ese momento. Me pareció haber tenido una revelación de amor de parte de Dios y una inyección de esperanza. Era un momento muy duro en mi vida y este proyecto daba alguna coherencia en aquellos días. Los versos de este poema representan la ruta de mi vida que se mantiene creyendo y andando como respuesta a la esperanza en Dios. Que no se conforma con cumplir una meta, sino que continúa viviendo, integrando con la esperanza del encuentro final con el Creador de todas las cosas:

A un paso estoy, Mi Señor, de fundirme otra vez
en aquello que fui cuando mi embrión observaste
Ante el calor de una madre que también era dios
Donde jugabas conmigo y sabía de ti

Si un poema resume el resto, se trata de *Víspera.* Aquí, de alguna forma se retrata lo que se piensa, lo que se siente, lo que no se dice, pero el cuerpo manifiesta, ya sea en salud o enfermedad. Todo lo que nos ocurre será un antecedente para lo próximo. Para los que no se conforman a lo cotidiano, siempre se espera lo próximo. Esta contribución sella el fin de una etapa de trigo y cizaña y propone el inicio de una nueva jornada, lo próximo.

Llegaré. Pronto. Cercano está el día.
Lo sé y será en esta vida.
El camino feliz sorprenderá esta mi estancia
que me asfixia y me ahoga, pero que tiene final...

Las líneas que leerán a continuación retratan otra gran aspiración, la decisión radical de encontrar las mieles en las hieles (Amado Nervo, en Paz). De ahí, por ejemplo, el poema *Inocencia Aguerrida* escrito luego de una conversación con un amigo quien me tildó de inocente ingenuo y demasiado optimista.

Leerán escritos que intentan proveer a quien lee una perspectiva de vida en la cual se encarna la mirada de Jesús, una que observa y acompaña desde la oportunidad, la restitución y la redención. Este es el camino de la fe cristiana que se basa en el modelo de El Maestro. Finalizo estas líneas con el poema *Apere*[3] que perfila la mente y vocación de quien escribe. Que sirva esta ofrenda al disfrute y reflexión de cada persona inquieta por lo vivido y lo por vivir, desde la apertura a lo trascendente y a la genuina práctica del amor.

De mi parte, seré lo que soy
El optimista irredento
Que camina…
arrancando alegría a la pena
Que ríe y que llora
ante el calor de la vida
Que ve en cada reto
una esperanza
Y en cada dolor
una victoria

[3] Palabra en latín que indica apertura, conexión, unión, enlazar.

VERSOS A JESÚS Y AL TERRUÑO

Gracia

En los basureros es que florecen las mejores calabazas
Pablo Maysonet
(Tomado de una anécdota relatada por Justino Pérez Ojeda[4])

Amistad y quebranto
Agonía y espejos
¡Que nos hiciste gloriosos![5]
Y traicionamos tu gloria

Pero mayor fue el espanto
Pues te encarnaste en lo vil
Te sumergiste en el lodo
hasta dejarte morir

Y desangrado abrazaste
todo el mal de mi ser
bien molido tu cuerpo
envolvió mi esperanza

Y en mi angustia escuché
ese Verbo que es libre
Que me hizo entender
Que me hizo amar
Que me atrajo a ser
Lo que hoy sé que soy.

---

[4] Pastor y misionero de la América nuestra. Sus discípulos lo llamaban *una persona coherente.* Un hombre noble en todo el sentido de la palabra. En un dialogo mientras caminábamos en una pista cerca de su *Casa contenta* me contó sobre su visita al pastor Maysonet en su hogar en Dorado, PR. Cuando llegó a su hogar, su esposa le dijo que Pablo estaba en el patio meditando frente al depósito de basura. Le sorprendió la escena. Cuando se encontraron finalmente, surgió la curiosa pregunta de Justino. La respuesta del profeta dio origen a los versos.

[5] Sobre los signos de puntuación en la poesía, luego de tanto divagar, cual neófito en estas lides, decidí seguir la opinión de A. Hidalgo: *A la poesía no le importa que los lectores se confundan y, en ocasiones, sale ganando con ello, pues de la confusión, del hecho de juntar una palabra o un concepto de un periodo con la palabra o el concepto de otro periodo suele surgir la maravilla de una imagen insospechada, de belleza inédita.* En ocasiones serán utilizados y en otras no, respetuosamente, este es el espíritu del autor.

A mí me levantan las aves

A mi me levantan las aves
No me aúpa el dolor
Desde adentro 'el yagrumo
Escuché tu voz mi Señor
El ruiseñor te anunció
y esa canción me hizo libre

El mal que me curtió
y confundió mis anhelos
que me susurró y me gritó,
hasta abatir mi esperanza
mi credo y mi fe,
quedó sumergido
en la pasión de tus versos

A mí me levantan las aves
Aunque en la noche
me azotó mi fracaso
queriendo mi alma anclarse en ti
Pudo más el delirio
Vencido quedé
Dormida quedó esa pasión
que mucho alcanzó

A mí me levantó ¡esa ave[6]!
Que se acercó y me cantó
lo que mi espíritu comprendió
Y mi pensamiento, de una vez,
interpretó a mi favor.

---

[6] Bendito Espíritu Santo.

La cruz donde murió Jesús…

No fue de perfumes sino de hedor
No fue piedad sino ecuación de tortura
No fue maravilla sino repugnancia
No fue orgullo sino ejecución

No fue con ladrones sino entre rebeldes
No fue en inocencia sino en sedición
No fue por callarse sino por hablar
No fue por el odio sino por su amor

Y qué mensaje fue ese que tanta crueldad causó…

Que es más digno el pequeño
Que es fragancia el hedor
Que el que no tiene aquí vale
Oceánica redención

Que todo es sujeto a la gracia de Dios
Que nada es primicia si no contiene el amor
Que no existen barreras
Que somos uno y dos

La cruz…
no es adorno ni amuleto fútil
Ni moda que encierra superstición disfrazada
No es símbolo de guerra ni discusión religiosa
No es, y nunca será, resignación miedosa

Emanuel es su nombre… ¡y mucho más!

Emanuel es manifiesto de vida
Un cambio de ruta para quien se abandona
Presencia de un Dios que se encarna
en la más profunda miseria para rescatar a Israel

Emanuel es dolor y quebranto
Porque volver a nacer duele
al que se aferra a su muerte

Emanuel es ruta y destino
para quien boga hacia adentro
a su templo de Dios

Emanuel es cercanía y ternura
La de una madre que amamanta insistente
al chiquillo indefenso

Emanuel es escándalo
Porque nace en posadas de contumaz vilipendio
En la nada que ahoga, cual letal soledad

Emanuel es compañía perenne
Para que se acuerde quien cree
Que de lo más distante del infinito incierto
llega sin pompa un albor celeste
Que penetra barreras de egoísmos y penas
con el fin de tornarlas en veredas de paz

Oh pródigo, yo también lo soy…[7]

al Padre Arenas

Qué gloria tiene tu herida
Tú que disipas lo dado
Qué orgullo tienen tus pasos
son de barro, indeseados
Qué savia en tus frutos
Cuando tu rumbo es vacío
Qué brillo hay en ti
Que deshonraste tu nombre
Tu herencia y tu casta

Tiraste por la borda
a un Dios que hace libre
Encarnaste el mal
sin pensar en los daños
a los que dejas atrás

Tus actos de muerte
y tu botín de miseria
Son el gesto más contundente
de tu repudio a Israel

Y tu más intemperante error de todos…

Volver en sí, recapacitar
Y peor aún, volver a la casa de tu padre
Volver a empezar
Asimilar humildad, florecer
Desprenderte de culpas
Y aprender del cantazo
de equivocarte una vez

[7] En estos versos notará el lector un cambio de ánimo. Se trata de la poderosa experiencia humana de sentirnos jueces de los demás y de repente ser sorprendidos y transformados por el regalo más hermoso que la espiritualidad cristiana puede ofrecer, la misericordia. La base inspiracional es la parábola del hijo pródigo. Esta historia marcó mi vida gracias al Padre Francisco Arenas del Colegio Madre Cabrini, donde estudié por espacio de 11 años. En cada capilla que asistí insistía en este aspecto del rostro de Cristo.

(y ahora …desde la gracia)

A tu reflexión interna
Se rompió la fuente
de infinitos recursos
Se vació el cielo
y se congregó junto a ti
Te besaron los ángeles
Estaban de fiesta
los que anuncian virtud
y la presencia de Dios

Cada paso a tu hogar
rompió un eslabón
de la cadena de tropiezos
que tu cuerpo encorvaba
Cada gota de sudor
que expedía tu alma
Purificaba el encuentro
con tu co-creador

Y ya, cansado del camino
Apenado y sereno
y sin fuerzas para avanzar
Él te vió
y corrió hacia ti.

Si Cristo no resucitó, vana es nuestra fe

La resurrección era el tema esencial y regocijado, la carga del mensaje de la iglesia cristiana primitiva. Y de tal modo, que el más grande de los evangelistas de la Iglesia Primitiva, San Pablo, llegó a decir categóricamente: "Si Cristo no resucitó vana es nuestra fe". Dicho de otro modo: "Si Cristo no resucitó no tenemos evangelio". Todos los demás acontecimientos de la vida, enseñanzas, pasión y muerte de Nuestro Señor cobran sentido porque se referían a un hombre que había resucitado de los muertos. El evangelio de la resurrección es el corazón del mensaje.
(Meditaciones de la Pasión, Domingo Marrero Navarro)

Se fueron angustiados sin residuo de paz
En franca agonía desnudando ilusiones
Como desempleados, sin sustento oficial
Henchidos de miedo, energía brutal

Escondiéronse en cuevas de pueril sufrimiento
Escamando recuerdos porque el justo murió
Incapaces de ver lo que pronto vendría
Lo que María creyó en contumaz gallardía

¡Magdalena se encontró con el transfigurado!
Lo que prometió Jesús ¡fue real, no un decir!
Volvió a la vida retomando los sueños
Que tenían que darse en un pueblo con fe

Observaron y creyeron los hijos de Dios
Movieron los montes y se cumplió la Escritura
En manos del Espíritu se desató profecía
La que renace en nosotros por la resurrección

¿Qué tienes Jesús? Que me cautiva tu historia
En ti se conjugan mi sueño y mi pena
En ti cobro aliento, las murallas terminan
Tú renuevas gozoso esta historia de afán

¿Qué tienes Jesús? No resisto tu toque
¿Será lo que has hecho por tu infiel creación?
Tanto amor derramado "o despilfarrado…"

…O tal vez que, contigo,
resucito también

Qué traerá el viento

Qué traerá el viento
Si no la sorpresa de un nuevo comienzo
La cosquilla de un latido de genuina esperanza
La convicción de continuar respirando
El afán decidido de no dejarse caer

Qué traerán sus alas
Si no la veta de recuerdos gloriosos
Que estrangulan el anhelo insalubre
Las curiosas mañanas de genuina fragancia
Que revelan el sueño de volver a empezar

Qué traerás, prueba inefable
Que no sucumba a este optimismo creciente
Que se curte en la lucha de los que no tienen nada
Que entrega todo a la fe de un reto
El que trae vida y vida en verdad

La entrada no triunfal [8]

No fue gloriosa ni tampoco esperada
No fue en caballo ni con sello real
Un burro expropiado y capas ajenas
No hubo ceremonias ni pompa judía
No hubo protocolos ni rasgo imperial

Solo un puñado de deseosos de esperanza
Se arriesgaron a llamarlo: ¡Bendito el que viene...!
Gritaron ¡Salva! Proclamando paz
Vieron la llegada del Reino
Pero no pasó de ahí

El resultado de su entrada…
fue violencia y dolor
una higuera estéril
el trueque maldito
el lloro y quebranto
el choque fariseo
y el anhelo de paz por los suyos:
Si en este día tu también entendieras
lo que te puede dar paz… [9]

Entró en Jerusalén
y mayor fue el dolor y frustración
luego de años de ministerio
Sus pares no reconocieron *el día*
en que Dios vino a visitarlos

Nos queda mirarnos en el descuido de Israel
Y luego aferrarnos a un Dios de esperanza
Que sabía que para penetrar a la Gloria,
es necesaria la Cruz

Podemos entrar de forma triunfal
ofreciendo y aceptando el cariño
de quienes perdieron todo
para ganarlo a El

---

[8] La llamada entrada triunfal de Jesús a Jerusalén relatada en los evangelios contrasta con la entrada triunfal que le dio el liderato del templo judío a Alejandro Magno en el 333 AC. Conocemos del hecho por los registros del Talmud y de Flavio Josefo, el historiador de los judíos. Una mirada comparativa de ambas experiencias dará luz sobre la manera en que los lideratos religiosos de este tiempo se relacionan con los poderes temporales de hoy.

[9] Lucas 19.

Caer

Porque hasta el mal en mí, don es del cielo…
(Del Poema *¡Está bien!* de Amado Nervo*)*

No se trata de lo que haga o lo que deje de hacer
Pues sería futil esta vida
No se trata de mis errores o lo que sí haga bien
Pues no tendría razón tu Sapiencia y Poder

Tu gobiernas nuestro terreno de instancias
Tu nos ves cuando nos tiendes la calma
Y en los tropiezos, tu Poder nos levanta
Cuando aprendemos a amar esta imagen de ti

No es nuestro plan lo que tu ser examina
Es una vida entera rendida a tus pies
Cuyo postrar se deleita en amores sin precio
Que no rechazan nunca al que se vuelve a caer

El diablo

¡Dios mío! ¿Será verdad lo que he leído en las vidas de los santos, que el diablo se presenta en forma de mujer…?
(*El cuento del Padre Sergio*, de Leon Tolstoi)

Cual joya irredente te acercas y tientas
Tu brillo es luz que emblanquece tu azufre
Tus marcas hediondas y asesinas de historias
Se disfrazan en la jungla de la cruel tentación

Tu olor le cautiva y le estremece tu aliento
Divaga en su mente pensamiento anidado
Permanece tenaz resistiendo su ayuno
Infrínjose daño para distraer la atención

Decae en su mente aunque su cuerpo proyecta
La sobriedad y estoicismo de un gigante de fe
Una lucha incesante resuelta y madura
Sin norte y sin rumbo y dispuesta a estallar

Se congregan las sangres y los fluidos del templo
Se desata la furia del violento huracán
Se levantan los bellos, las miradas penetran
Queda el ritmo exclusivo de la llama del mal
…
Procede a la huida sin mirar hacia atrás
Otra lucha vencida, fomento de honor
Regresa a su alcoba…
…llena de frío y silencio
A sonreírle a la vida
ante el rijoso momento

No voy a luchar, caminaré

Que tristes son los recuerdos
cuando nos hieren adentro…
(*A la sombra del Flamboyán*, de Raphy Leavitt y su Orquesta La Selecta)

Es duro sanar una herida
Es mortal el error del ayer
Amarra y quema
es cruenta su hoguera
Ahoga las ganas
de volver y crecer

La alcoba…
es tristeza que nunca se queja
Caminar sin contar
para no hallar nuevas penas
Sin entregarse y a nada aferrarse
Es la consigna del que vive
mirando hacia atrás

Al frente… no hay futuro
mucho menos presente
Lo único delante es el duro pasado
Al que se aferra
sin ansias de volver a nacer

Desde ahí,
me encuentro contigo Maestro
Sin querer sanarme
pues no quiero ese aliento
Prefiero sufrir y amarrarme al silencio
Y quitarle la calma al viento que arrecias

Me niego a sanar
me niego a nacer
Me niego a ser hombre
que vuelva a emerger

Prefiero…
otro camino
que me lleve contigo
Al caminar junto a otros
con mi rumbo afligido

Mi Tierra[10]

Oh tierra mía si tan solo supieras
Que tu riqueza es amplia ingobernable y suprema
Solo tú eres rumbo, trayecto y destino
Presa estás de quien poco divisa

Oh tierra mía, liberta y cautiva
Tu discurso gallardo, tu corriente marina
Ha cedido al imberbe incauto y maldito
Pero pronto hablará el Altivo Señor

Oh gentes de la tierra de todos
Levanten el lomo, el Leviatán se desangra
Pestillo al augurio de semilla fatal
Alma libre a un nuevo horizonte

---

10 En marzo de 2015 escribí estos versos al cuerpo ministerial de los Discípulos de Cristo, junto a la siguiente nota: *Compañeros y compañeras: Hoy les recuerdo con mucho cariño, aliento y esperanza. Les ofrendo a ustedes los siguientes versos desde otra trinchera que no es más anhelada que la que a ustedes cobija. Ustedes son esperanza para la libertad, el progreso y la ruta de Puerto Rico hacia un nuevo horizonte. Así de importante y valiosa es cada palabra, cada oración, cada acompañamiento, cada sermón, cada canto, cada ilusión… ¡así de valiosos son! Yo sé que lo saben, pero no está de más recordárselo. Los amo mucho.*

Aguijón

La calle ensangrentada de madrugadas violentas
Que no cedió a la oración de los fieles
Hermano contra hermano...
Por quienes mucho se oró...
Piel contra piel...
¿Dónde quedó la esperanza?

También me desangro y pierdo la voz
Mi ego resiste la oración bondadosa
Me agobio me canso, dejo atrás la ilusión
La que acompañó mis primeros amores
Soy aquel que el gatillo haló

Triste espejo me traes conciencia
Quiero salir, pero me niego yo mismo
Sedado estoy, entretenida mi mente
Moriré y no veré la promesa

Por qué insistes

Por qué insistes en mí, si doy pena
Y lo que arrastro es lamento y pura agonía
Por qué reiteras tu afecto bendito,
¡No soy nada!
Sino espanto y traición.

¿Es que vistes mi embrión
y me amaste de entonces?
¿acaso soy,
cuando te veo en mi rostro?
¿Será por qué tienes mi vida en tus manos?
O ¿porque soy lo que quisiste que fuera
cuando mi piel observaste?

De todas formas ¡te amo!
y te amará el alma mía
Que es mi mente y mi todo
lo que tu ser idolatra
Solo mi alma y solo ella bendita

Porque sé de la historia y sé de los frutos
de quienes todo entregaron
y se rindieron a ti
Que conscientes de rumbos
se enclaustraron en gracias
Descubriendo que la fuerza del vientre
es una contigo

Me deleito en tu espejo
porque es libre y glorioso
Me importa un bledo el espejo
de la victoria falaz
Prefiero la imagen
que se desgasta
en el día cansado

Porque la noche, repito, la noche gloriosa...
...Me llevará por senderos de perla sudada
Y convencido,
quedaré impregnado
de que la lucha y quebranto
Me enredará en tu regazo
Y me dará libertad

Soy y seré

Soy pecado y soy gracia
Soy obediencia y maldición
Soy salud y enfermedad
Soy dios y soy diablo
Soy lo que quiero y lo que no quiero
Soy vida y soy muerte

No soy nada y soy todo
No sé qué hacer y todo sé hacer
No sigo a nadie y sigo a cualquiera
No conozco a nadie y conozco todo
No los amo y no los odio
No me interesa y no me aburre

Soy y seré el camino de piedras
Soy y seré palabra y profeta
Soy y seré aguijón y estoicismo
Soy y seré lo que anhela mi alma
Soy y seré lo que desconozco
Soy y seré caminos que añoro

Soy y seré, Maestro...
Tu compañero desnudo
Soy y seré, tu imagen sudada
Soy y seré…
¡Lo que has sido y serás!

Renacimiento

Manjar de males quedó en el olvido
Cuando la luz del camino tocó el caminar
El deleite anhelado y los pesos de culpa
Quedaron varados en el puerto de ayer

El pasado quedó
destinado a observancia
Y no a la letal tradición
de transitar al revés
Ahora se mira,
solo para lograr referencia
abandonando ese mal
que es terrible adicción

Nuevos manjares
acarician mis goces
Mi mente y mi cuerpo
en exhaustivo romance
Una lluvia del Reino
donde los dones perfuman
todo este cuerpo cabal
que ha vuelto a nacer

Un regalo en adviento

Hoy desperté arropado de angustia
Y no encontré razones
para volver a la lucha
Derretida quedó mi alma
ante el calor del dolor
Impotente... inserena... triste
Esa fue mi mañana

Y me acordé de tus versos
y gemí hasta morir
Oré y lloré, Puerta mía ¡que soy tu oveja!
Intercedí a la danza de mi palpitar imparable
Hasta calmarme en tu esencia
y convertirme de nuevo
en la fe que perdí

¡Puerto Rico, en ti confío!

¡Qué te espero Puerto Rico!
Confío en tu renuevo
Que tus hijos confiarán
y tus hijas brillarán
Confío en tu belleza

Qué serás trastocada y de ahí redimida
Qué será jamaqueada tu justicia y pasión
Confío en ti porque confío en mí mismo
Qué serás ¡insisto! ¡Porque eres ahora!

Confío en los bueyes que surcarán nuestra tierra
De los costados del monte brotará mucho fruto
Confío en las costas, hospitalarias al huésped
Que serviremos con gracia, como lo hace el cantor

Que el valiente empresario y el voraz mandatario
unirán su valía renovando esperanzas
Confío en la prensa y en la libertad de su verso
que dará voz a lo hermoso y crearán la noticia

Confío en la mujer y confío en el hombre
Confío en pecadores y en moralistas
Confío en ateas y en religiosas
En el que ama y en la que odia

Confío en el joven y en la niña sonriente
Y en la ingenuidad que se arroja consciente
Confío en el machete, herramienta de oficio
Confío en el cálculo del capital de la patria

Que se unan todos a la buena bonanza
El parco, el bocón, el egoísta, el marxista
Que no se quede nada para el mañana fútil
El futuro es hoy, como dijo Gabriela,
pero no el del infante, el nuestro también

¡Hoy es mañana y no espera más!
Que confío, lo he dicho…como confía el poeta,
en Puerto Rico
Y vuelvo a confiar

Y qué…

Si vuestro padre fuese Dios,
ciertamente me amaríais
(Evangelio de San Juan 8.42a)

¿Y qué si fue de pantera?
Sería el milagro mayor
el abolengo más bajo
donde no es viable el amor

¿Y qué si no hay bella historia?
y la pompa es falaz
y decía verdad el verdugo,
el que te vio desangrar

Benditas mujeres de *alcurnia*[11]
historias con una cosa en común
Sembrando, gestando
una escandalosa bondad

No te ofendas, mi Reino
Porque eres mío y yo tuyo
Pero, sería mejor la noticia
Se le diría al dolido
que en su pasado, si hay vida
y que su ritmo torcido
encuentra su gozo en ti

[11] Aquí se hace referencia a las mujeres mencionadas en la genealogía de Jesús en el Evangelio de Mateo. Su alcurnia reside en ser parte de ese linaje mesiánico.

Apere

De mi parte, seré lo que soy
El optimista irredento
Que camina…
arrancando alegría a la pena
Que ríe y que llora ante el calor de la vida
Que ve a cada reto
una esperanza
Y a cada dolor
una victoria

Marzo

Derramo mi alma pensando en mi norte
porque no tengo energía para volver al ayer
Harto quedo de ceder a la espera
Hoy afirmo ¡miraré el porvenir!

Esperanza cifré en una magia maldita
Olvidando el consejo de una amada mujer
Suspendido quedé ante el supuesto designio
sujeto a pirañas malditas que no dejan ser

Allí caminé
mostrando mis dones
Fortaleciendo mi espíritu…
hilvanando pasiones

¡Que disfrutaba los roles!
Fueran parcos o amplios
Sumergido me hallaba
En fútil añoranza

Rasgados los velos
Redescubrí mis talentos
Henchidos quedaron ante tamaña gestión
Presto quedé para la próxima vuelta
Listo estoy, buen Señor,
para tu próxima agenda

No sentiré culpa

No sentiré culpa
Pues ellas me alejan de mí.
No bailaré sus danzas,
me moveré en tu Poder

No sentiré culpa
Pues nunca bien generaron
Cuando las albergué seducido,
contaminaron mi día
Y mucho daño causé,
sin ni siquiera saberlo
De mí se alejaron,
y yo me alejé de mí.

No sentiré culpa
Pues disociaron mi ser.
Distanciáronme de aquello que creí
cuando abracé tu esperanza.
Desatendí tus amores
y me alejé de mí

No sentiré culpa
¡Harto estoy de ahogarme en sus aguas!
Atribulado y cansado quedé ante sus notas
aun mirando, extendida, tu mano hacia mí

¡No sentiré culpa!
Porque al renunciar a *su encanto*
descubriré que mi canto siempre fue uno contigo
Me encontraré con tu Ser fundido en el mío
Y esa mano extendida, que también será mía,
me brindará tu calor
Nos fundiremos los dos
¡Descubriré mi poder!

Víspera

Bendita la prueba que me conduce al Señor
(Rvdo. Horacio Morales,
pastor de nuestra montaña borincana)

A la víspera estoy de encontrar esa ruta
Que me lleve a senderos y un destino contigo
Donde no vacilen mis ritmos torcidos
Que me alejan de aquello que nunca yo he sido

Estoy cerca de encontrar esa ruta
Donde la hiel sucumbe ante fecunda añoranza
Y el amor entre otros es encuentro constante
Y el encanto de ser se entremezcla en tu celo

A un paso estoy, Mi Señor, de fundirme otra vez
En aquello que fui cuando mi embrión observaste
Ante el calor de una madre que también era dios
Donde jugabas conmigo y sabía de ti.

A un respiro estoy de volver a nacer
De dejar aquello a lo que tanto me aferro

Que destruye ese ego que sembraste en mi pecho
Cuando te plugo traerme a este terruño sagrado.

Me trazaste un camino al que pronto entraré
Dejando estos miedos que destruyen anhelos
Acariciando esperanzas y observando en silencio
Que en la ruta con otros es que muere el desierto

Llegaré. Pronto. Cercano está el día
Lo sé, y será en esta vida
El camino feliz sorprenderá esta mi estancia
Que me asfixia y ahoga, pero que tiene final.

Lo declaro y lo urjo
Sacudiré mis cimientos
Para que cese este aliento
que consume mi andar

¡Sí!
A la víspera estoy
de comenzar a vivir
contigo en mí
Y conmigo en Ti

Oración

Te doy gracias por lo que no tengo, ¡Mi Señor! Porque no tener un auto me ha permitido saber que nuestro sistema de transportación pública no es tan malo y que ha mejorado mucho. Porque cuando me muevo, puedo leer o escribir, mirar el paisaje, o puedo dialogar con el extraño y reconocer a un hermano. Porque puedo atestiguar al viejito coqueto con la doñita curiosa; ver la ternura de los dos tortolitos que le gritan al mundo que el amor es poder. Veo a Puerto Rico de otra manera, hasta con más esperanza y cariño. Puedo reír. Porque desde que no tengo auto, he recibido el apoyo de otros. Sí, he aprendido a recibir. Porque he rebajado las libras sin necesidad de dejar de comer, lo que tanto disfruto. Porque al tener tan poco, me doy cuenta de que me hace falta tan poco y que con poco se puede hacer tanto…porque me inspiro más, ¡disfruto más y dependo más! De ti. Ayúdame, Señor a no olvidar lo que he ganado en mi escasez y perdóname, porque cuando vuelva a tener, me olvidaré de todo lo ganado.

Hoy decidí fregar

Hoy decidí fregar los trastes que dejamos todos luego de cenar la suculenta pizza, mitad queso y mitad pepperoni. El patricio quedó complacido, eso era lo que más anhelaba. Pero mi mayor proeza hubiera sido verte a ti contenta, feliz, abrazada por el calor familiar de aquellos que viniste a reencontrar. Ese cierre quedo pendiente. Me fui rápido, no quería llorar, pero fue peor porque mis lágrimas no faltaron y no te pude decir te amo. Ni lo uno, ni lo otro. No toqué nada del aposento luego de tu esperada partida. Entré y salí, me bañé, dormí, me bañé y salí, pero no limpié nada. Quería dormir y recordar los momentos vividos desde aquella tarde desesperante; los recree todos, antes de dormir, al despertarme, al salir del trabajo, al correr bicicleta y en el gimnasio. Te pensé todo el tiempo. Luego escuché tu voz, mañana saldrías para una nueva aventura, estabas haciendo sushi… estabas feliz. Entonces sentí el aliento de lo que llamo el Espíritu o el mismo Jesús que me susurro en cada fibra de mi existencia: *sonríe, todo estará bien.* No solo fregué, también limpié y organicé porvenir.

HONRA, AMISTAD Y CENSURA, LA FAMILIA

¡Nuevo año!

Al cuerpo ministerial de los Discípulos de Cristo[12]

¡Qué la mala noticia sucumbirá!
Ante la buena nueva
que nuestra praxis entone.
¡Que el mal augurio cesará!
Ante el sudor y las lágrimas
de la vocación pastoral

Que las penas de aquellos
que no tienen poder,
encuentren respiro
en ese hombro profeta
Que aspiren y sueñen
otra vida posible;
sean pobres o ricos,
porque el dolor mucho agrupa

¡Que nuestra acción sea oasis!
y no esperanza frugal
Que ante tanta venganza,
traición y apatía,
que nos espera en el próximo
umbral ante nos…

¡Renazca! y no en versos,
un apretón solidario

[12] Se refiere al cuerpo de pastores y pastoras de la Iglesia Cristiana (Discípulos de Cristo) en Puerto Rico del 2004.

No una palabra,
una visita sensible
No una canción,
una pureza de llagas
No un sermón,
una mano en arado
No un papel,
una camisa sudada
No una regla,
una protesta fundada
No un comité,
una virtud encarnada…

...En hechos rebeldes
que acaricien lo justo;
lo verdadero...
Lo que erige columnas
empañetadas de amor...
lo romántico, lo utópico.
Lo que no reserva nada,
que lo entrega todo...
Porque todo ganó

¡Arriba pastores!
¡Arriba pastoras!
¡Los campos están blancos
para la siega!

Press *Enter*[13]

Tiempo difícil el presente escenario
Camino de espinas entre grande bonanza
Mucho se sabe y poco se hilvana
En tiempo de reto se crece el que siembra

En vientos inciertos se entrelazan agendas
Que procuran el caos que privilegia las castas
De eso saben los que caminan de a pie
Eso discierne el que va andando y llorando

Ahí danza el ministro cuál luminaria en lóbrego
Garantía de un pacto, como dice el sermón
Que no va solo, porque es parte de un Cuerpo
Que sagrado se aúpa en la férrea unidad

Que se impone el carácter
y se rescinden hazañas
Que nos engrana el pecado
y se renuncia a la gloria

Agrupa'os agentes del Reino
Que la meta es una y la misma de siempre
Ser testigos, desde un gremio de vida
¡Que no permite jamás la letal disensión!

---

[13] Estos versos fueron escritos como respuesta a un episodio de división de ministros ante el asunto del uso del llamado lenguaje inclusivo. Criticaron a un ser humano de suprema nobleza por expresiones en una instalación pastoral. Lo que desencadenó esta leve tribulación momentánea inspiró esta declaración de unidad. *Press enter* fue el mensaje que daba la máquina elíptica donde hacia ejercicios mientras pensaba estos versos.

Torso-dos

a MW

Escudo ferreo
Estirpe insoluble
Corteza madura
Hechura y valía

Sensible y amable
Entregada a sus dones
Serena y oyente
Resuelta al amor

Suspicaz y prudente
A la vez que entregada
Solidaria en dos aguas
Definidas las dos

Hondas virtudes
Que reputo sagradas
Envolturas opacas
de contradicciones profundas…

…son luces y sombras
Legado y camino

Amigos en sequía[14]

Es bueno tener amigos en hogar de vendimia
cuando la miel fluye y el viento acaricia
Pero es mucho mejor la amistad
cuando se siente en sequía.

Es bueno tener amigos
cuando se es buen prospecto
cuando acechan sigilosos los dardos venenosos
Pero es mucho mejor la amistad
cuando no hay pretexto en el contratiempo

Es bueno tener amigos cuando hay esposa,
hijos y un perro
Música al corazón
de quienes piensan que no hay más opción
Pero es mucho mejor la amistad
de quien mira con tierna atención

No es bueno el amigo que antepone interés
es mejor el amigo que acepta y que ve...
Como tú que viste en mi ser
un instrumento valioso para al mundo ofrecer
palabras de aliento, de amor y de paz
Por eso hoy te celebro
¡Feliz Navidad!

---

[14] Estos versos fueron enviados en diciembre de 2006 a aquellos compañeros y compañeras del Cuerpo Ministerial de los Discípulos de Cristo a quienes agradecí el respaldo que me brindaron en este momento. El email leía de la siguiente manera: *A ustedes: Amarilys, Doris, Jaime, Carlitos, Ángel Luis, Gamaliel, Elías, Benito, Ángel Candelario, Rosselló, Hetin y Mayra Melecio, Héctor Rivera, Félix Negrón, Hilda, las dos Maritza, Lydia, Douglas, Félix, Joey Cotto, Enid, Héctor Torres, Edwin, Carlos y Carmen, José Lino, Ramón, Carmen Julia, Carmen Rivera Luquis, Nelson Andújar, Juan Berríos, Benjamín, Josué, Juan Roldán, Jerry, Esteban, Cruz, Fernando y otros que se me puedan quedar y que me apoyaron con sus palabras y oraciones.*

El camino de la agonía

A los amigos y amigas del Cuerpo Ministerial[15]

Cuantas muertes morir
Solo el Maestro conoce
Cierto es que la agonía
es norma que vuelve a nacer.

No es pesimismo
Es real, lo que mi mente hilvana
La pastoral que nos llama
Irradia en el alma perder.

Pero a pesar de las penumbras
y quimeras encorvadas
se asume el llamado que gentil engalana
Y solo una acción nos logra dar calma
El convivir como siervos *sin fama*.

El vivir dialogando ilusiones
El desahogar anhelos y penas
Que se embriagan de alegrías
entre amigos en cercanías.

Con sonrisas y huellas
revividas desde el recuerdo
Porque son mañana serena
de buen óleo y dulce presencia.

---

[15] Dedicado a aquellas personas que ejercen el noble oficio pastoral.

Martirium

Nos encontramos
en apurada encrucijada
Y, a ambos, nos tentó
la soberbia y la arrogancia
Borracheras ambas
de pueriles costumbres
Quedamos frente a un velo
que no se debió rasgar

Decidí retroceder
Tu resolviste avanzar
Miraste por encima
Yo sumergí mi rostro
Quise aprender
Quisiste vencer
Te vi morir…
Me viste nacer

Por qué…

La historia los juzgará…
(Salvador Allende, 1973)

Por qué no dejar que los caminos se encuentren
Y validar el desgarre de una unida energía
Por qué no dejar que lo fecundo germine
¡Si se trata de llamado y de fiel vocación!

Por qué bulle el deseo de no querer transformar
Y se encapsulan los tallos de raíces profundas
Actos que enhuecan el relleno de historias
De quienes encarnan el Reino de forma integral

Por qué se vacila sin inscribirse en la enjundia
Y desplegar el veneno de la pueril ignorancia
Por qué no danzar a la usanza del tiempo
Que revela el designio supremo de Dios

Quizá…
porque es fuerte el camino de angustias
Que sucede a renunciar lo que se cree *sagrado*
Quizá porque duele reconocerse imperfecto
Cuando se apropia el inverbe
de Su Discurso y Su Voz

Último aleteo[16]

Exclama, vocifera, maúlla…
Ya tu grito no suena
Nada ensordece tu afán
No fundaste conciencia
Gastaste tu brillo
Perdiste vigencia

No fuiste digno
ni apologista del Reino
No fuiste evangelio
mucho menos amor

Fuiste odio y rencor
Fuiste miedo y venganza
Caminaste soberbio
Y hoy…
te asusta tu muerte

Aletea si quieres…
Tu energía es fútil
No te asistió la victoria
Tu ego jadeante sangró
¡Oh, historia infalible!
¡Camino recio a la paz!

---

16 Dedicado a aquellos y aquellas que, desde la teología cristiana, se aferran a ideas de destrucción y muerte que atentan contra la dignidad humana. Asunto resuelto por el testimonio, sacrificio y resurrección de Jesús el Cristo.

Inocencia aguerrida

Me esfuerzo por mantener la inocencia
que mengua en mí al caminar
Milito en mantener lo que es bueno
Ante la guerra que no tiene final

Prefiero ¡con fuerza! acrisolar la bondad
de aquellos que prefieren el mal
que se excitan con el odio y el murmurar
hacer daño al otro sin querer parar

En lo poco y lo mucho se destruye el placer
El que no aniquila y que genera poder
que se revela en la esencia
de quien nos ofrendó un nacer

Insisto. Por ellos y por mí
que el germen desista y que deje fluir
esa sonrisa, ese perdón
ese mar de glorias sin par

Aguerrido renuncio a mirar lo que hunde
y que inunda esta isla y el globo también
y me instalo genuino a la inocencia que nace
de hartarse…
de la jadeante pujanza de la desdicha
que nos hechiza constante
y que nos mata el amor

Aguerrido camino
el de la inocencia perpetua
¡con la mirada de un niño que decide danzar!
¡con la caridad de una niña que decide reír!
¡con el respeto de un joven que decide aprender!
¡con la caricia doncella que genera una brisa!
¡con el arrepentimiento de un hombre!
¡con la sanidad de una dama!
¡con el cantío del gallo!
¡con el sonar del coquí!

Inocencia aguerrida
¡que no es ingenua lo juro!
Porque transforma energías
y se encumbra en la mente
de los que no se conforman
y que aspiran a más
¡A vivir en paz!

A Domingo Marrero Navarro[17]

Su nombre engalana el Edificio de
Estudios Generales del Recinto de Río Piedras
de la Universidad de Puerto Rico

Conozco tu sombra y tu huella que ahonda
No mucho más, pero siento tu honra
Conozco unas líneas que otros dijeron
Pero no mucho más, que pena y delirio.

De elocuencias se habla y profundo cariño
No mucho más, pero veo un camino

Senderos que anduviste
caminando con Dios
Trascendiendo barreras
y ministerios de amor

Abriendo ventanas
y oportunidades de lucha
Porque tú y el Espíritu
eran uno y no dos

Inconforme al presente
aspirando más gracia
Practicando virtudes que animaron a otros
Predicando con obras de terruño encantado
Integrando al Cristo en tu pasión y quebranto

Nunca te conocí
pero mis pasos te siguen
En otro tiempo y otra historia
La misma llama nos toca
El mismo calor nos cobija
El mismo Dios nos convoca

Accidentado el camino…
Pero también llegaré

---

[17] Pastor y educador de la Iglesia Metodista (1909-1960).

Caballero del Altar...

Al Rvdo. Daniel Narváez Santos[18]

Su vida invita a la reflexión
de aquellos que miran con atención
Los procesos de caballeros
que por entrega lo dieron todo
Sin dejar para ellos ni siquiera un momento

El caballero se viste, se contempla
erguido, potente
Todo un señor de presencia inclemente
Luego marcha, cabalga sonriente
confiando que su fuerza es su vientre
Se enfrenta a la batalla dispuesto a morir por la causa
pero siempre a morir y morir valiente

Empero, *qué del caballero del altar*
Aquel cuya vida es más que una metáfora
Imagen de esperanza
que confronta a los dioses con minúscula palabra
con las propias migajas de sus vidas fragmentadas

Empero, *qué del caballero del altar*
Ese que renuncia a sus pasiones
para alcanzar nobles causas
Un sueño que no es otro que el amor en buena andanza
Su parranda es la mañana gloriosa, la de una oportunidad más...
la que nos levanta el alma y los huesos
porque es misericordia, es aliento
voz de Dios en el silencio

---

[18] Daniel fue el pastor de nuestra familia desde el 1982, momento en el que llegamos a la Iglesia Cristiana (Discípulos de Cristo) en Villa Las Lomas, San Juan. Hombre de paz y nobleza, sufrió el mal de Lou Gehrig y hoy mora con El Señor. El poema nace de una petición de su abnegada esposa Lydia E. Rivera Rodríguez (Yiya) y fue recitado en el momento de su despedida.

Empero, *qué del caballero del altar*
El que no habló en lenguas superfluas
y no se vanaglorió de su verdad en ellas
sino que caminó en palabras y versos como de bellas doncellas
o de hombres que emergen, que afirman, que miman
que nutren la vida misma de todo lo que rodean
Hombres que escandalizan al que oprime
porque confrontan con vergüenza, con amor y dignidad

Empero, *qué del caballero del altar*
Que se deshace al terminar la jornada
Son sus días confusos porque sus huesos se quiebran
Tal vez es el mucho amar o el mucho aguantar
Tal vez es el peso de una agonía
y la simple ironía de aquello que sencillamente
no podemos entender…ni comprender

Empero, *qué del caballero del altar*
Que amó y fue amado, que el sol acarició su faz
y aunque la vida le desangró por dentro
también las rosas florecieron su cuerpo…su templo
Porque este *caballero* contempló el milagro
Vio el hueso al que le sopló el viento y fue carne y un hijo esbelto
que hoy proclama al Dios que es aliento

Este *caballero* sembró en sus hijos y nietos
el valor de los versos que le dieron sustento
Encarnó en su amada la armadura adecuada
una entrega profunda en alabanza cantada
Este *caballero* sembró en su patria ¡libertad, libertad oh que buena!
la que trasciende banderas y se apertrecha en el alma
la que él encontró y a sus dolores dio calma

Por eso tu mirada era penetrante, aún en tu agonía ¡Daniel!
porque llevabas tu cruz pero mirándola vacía
El Cristo resucitado fue siempre tu guía
....
Cuando pregunten y qué del *caballero del altar*
Por cuyas causas vivió y murió tanto
el que mucho amó y cuidó lo creado
y terminó agobiado, enfermo y cansado

Responderé esperanzado
Camina con Cristo erguido y blanqueado
limpiado en Su sangre y del Padre abrazado
y con nueva voz para salmos cantar
Daniel Narváez Santos, eres tú *el caballero del altar*

Pastor de gentes de carne y hueso

El culto narra mi historia.
Yo soy el que ora de hinojos
Sobre el atrio redimido
Yo soy el que llora
Cual cisne que canta y muere,
más para vivir
por el milagro de la cruz hermosa
Yo soy en él y en esa historia
Y en la canción del Señor soy la nota acústica
de su canción redentora
Del poema *El Culto*, de Elías Cotto
A él

Se dice de una gran probidad
El gran valor de alcanzar almas
Mucho más, de la nobleza de pastorearlas fiel

Pero, y qué de las gentes
hombres y mujeres de bien
Y qué de los niños y jóvenes
que sufren y gimen también

Gran desafío el pastoral,
separar el grano y la paja
Que no pastoreamos masas, ni ideas, ni agendas
Acompañamos rostros y gente sufriente

Elías, gritaste, reíste y también lloraste
Predicaste en la hora que el Señor te llamó
Peregrinaste elocuente, silente y jadeante

Llevaste las marcas del Cristo encarnante
Con mano en arado y mirando adelante
Respetando y nutriendo de forma incesante

Amando y, sobre todo amando, el valor de esa Cruz
La sangrienta y doliente, de la que vienes tu

La que hoy te exalta con gallarda virtud
Porque entregaste toda una vida a tu amigo Jesús

No fuiste pastor de almas,
ni de masas ni de ideas ni agendas
Fuiste pastor inclusivo de gentes de carne y hueso

Como verbo encarnado
que a todos y todas
siempre ofrendó…
bellas palabras y aliento

Versos a un amigo en medio del dolor
Al Rvdo. Gamaliel Ortiz Guardiola[19]

Divisé tu silueta desde el prejuicio de mi ignorancia
retirados en Morton buscando una llama
Perseguíame el Dios en quien siempre hay ganancia

Te conocí en la glorieta
articulando, pronunciando
¡Seminarista y ya teologizando!
Inquietando la mente de quienes habitábamos cuestionando
aquellos prejuicios religiosos que vivíamos encarnando.

Y tendiste tu mano a este joven inquieto
Por caminar en aquello que nunca hizo antes
Que cansado de los males de enante
anhelaba testimonio, jóvenes dispuestos
A vivir de acuerdo
a lo por Cristo propuesto

Gamaliel de los hechos,
en medio de crisis has llegado a mi encuentro
Mostrando solidaridad cuando más lo deseo
Y ahí está tu llamada, tu verbo y tu incienso
Que perfuma los hedores de mis peores momentos

Gracias amigo porque tu vida engalana
el ministerio pastoral
en el que tanto te afanas
Porque comprendes al débil y le prestas la calma
a Aquel abatido por las luchas del alma

---

[19] Estos versos retratan el inicio de mi camino hacia la pastoral. Era el 1993, cuando no tenía amigos líderes cristianos. Uno de los primeros que me brindó su confianza y apoyo, en el campamento Morton, fue este amigo pastor.

Al encuentro de ti misma

A la Rvda. Ilka Rivera[20]

Saliste al encuentro de ti misma
Saliste, cual Abraham,
de lo que tu nido sabía
Te lanzaste a lo imposible

Caminaste y trascendiste
Del ala del Espíritu
cuyo poder recibiste
Sin miedo al pecar
y a experimentar virtudes

Con carácter rebelde
de utopías y esperanzas
Te lanzaste a servir, no una,
sino muchas veces

Y viviste y erraste
Y te entregaste y dejaste
Siempre al Guía te aferraste

Sin temor a los desplantes
Que los machistas destilan
Sí, con gallardía y cordura
Con tesón y elocuencia

Te lanzaste a aventuras
Donde encontraste tu ruta
De la que venías, la de Cristo

Y a la que volviste, al paraíso
Contigo fue el verbo
Tu verbo que es Dios

---

[20] Profesora universitaria, pastora y amiga. En honra a muchos momentos de diálogo en la última etapa de su vida terrenal. Estos versos honran las decisiones arriesgadas de una mujer que se enfrentó muchas de las agresiones que provoca el orden social patriarcal.

Ada Eva

A Ada I. Santa Sánchez[21]

Qué esconden tus miradas que destilan saber
Qué proyectan tus versos que se generan en vida
Qué anuncia tu abrazo que, aunque prudente, inspira
Si no es lo que portas, Su Esencia y Poder

Es alegría y vida lo que tus pasos anuncian
En sabanas, en lomas y en valles distantes
Donde el dolor ahonda y el quebranto es hoguera
Son los seres humanos que se refugian en ti

Portadora de dones de su Inefable Presencia
Que se proyectan en ética, esfuerzo y cansancio
En dolores de parto, cuando nace el creyente
que se acercó al Viviente por Su Palabra y la tuya

Hoy se celebra, ésta, tu entrega de dones
Labrada y sublime como el camino que sigues
Que te lleva con bríos de calor y pasiones
Hacia ese Dios que te observa
y al que alegre respondes

[21] Ada Santa fue ejecutiva de Comunicaciones y reportera destacada, de verbo florido y noble andar. En ocasión de la celebración de su pastoral en la Iglesia Cristiana (Discípulos de Cristo) en Sabana, Bayamón.

Te felicito

Al Rvdo. Benito Sánchez[22]

Porque fuiste premiado en los templos vistosos
pero más donde cuenta, en tu ser interior

Porque tu estirpe es real, aunque sin rancio abolengo,
y te afanaste en brindar virtud a los tuyos

Porque decidiste en su día,
y desde tu parte más frágil,
convocar ¡Bendición!
Y la gloria bajó

Y se encarnó en una alcoba que entonces fue templo
Y se encarnó en un hombre con semblante brillante
Y se encarnó en una joven propicia...
a quien besaste,
y hoy día es tu esposa
Mujer a quien le has dado un esposo
amoroso y de paz

Y se encarnó en tres hijos que,
aunque distintos, son uno en tu sello
Quienes han tenido por padre
nutrición y presencia

¡Sí!
Su Gloria se encarnó en un llamado divino
a vocación de dolores
Y se encarnó en pastorales que detuvieron su tiempo
y te dejaron saber que valías la pena

---

[22] Pastor, escritor, padre, esposo y amigo. En ocasión de un día del pastor en la ICDC Sierra Bayamón. Con profunda admiración.

Y se encarna hoy, aquí en la Sierra,
quien ahora te mima desde anhelos y sueños
Y se sigue encarnando en tu diálogo amigo
cuando acompañas a este pastor y su camisa sudada

Y se seguirá encarnando en la tarea urgente
de verte a ti en tus retoños
y verlos crecer y verlos vivir,
no a tu antojo, sino a la imagen de Dios

Sí, y su Gloria se encarna
en tu amada Ivette,
esa mujer que ha sabido
ser una contigo

Mi querido Benito,
Aun así, no serán tus logros,
los que hoy celebramos,
lo que mantendrán tu alegría
o lo que inspiran mis versos

Es la pasión e interés
a lo que *menos importa*,
porque ese fue el regalo de Dios hacia ti

Lillian e Hilda
Hilda y Lillian[23]

Como lo dijo el poeta
de un pájaro dos alas son
Abrazaron la fe desde diferentes historias
Sus caminos distantes, el uno del otro
encontraron fusión en el gran Dios de amor

Y en respuesta al llamado
pusieron mano en arado
Y la obra en Las Lomas
fue su taller de trabajo

Allí fueron, y siguen, siendo luz
Inspirando a los suyos
y a la iglesia también

Con diligencia y humildad
con fervor y alegría
con pasión y aventura
son signos vivos de grande amor

Lillian e Hilda
Hilda y Lillian
Ustedes encarnan el legado de muchos
que han dado vida y virtud a esta grey
Por eso les honramos
y las amamos con fe

---

[23] Las hermanas Aida Lillian Oquendo e Hilda Vila son dos líderes muy destacadas y queridas en la Iglesia Cristiana (Discípulos de Cristo) en Villa Las Lomas. Han dedicado muchos días al servicio del Reino de Dios.

Pléroma[24]

No es la intolerancia, es Cristo la visión de Dios
Elías Cotto

Tú escuchaste buen Señor,
la prosa sincera de nuestro Elías fiel
La sentiste, lo sé, yo igual la sentí…
Así como siente el corazón del laicado,
aquel y aquella de misericordia y cordura,
que no grita, no otorga…
más deja sentir su silencio

Bien lo anunció tu vocero mulato
¡Bravo y con cría ciñó vieja agenda!
Que la visión no es nueva
Que la visión integra
Que la visión no innova
Que la visión reúne
Que la visión no aparta
Que la visión es vida
Que la visión es Cristo...
...Donde vaciaste Tu Ser

---

24 Estos versos se dedican a Elías Cotto cuya vida ministerial y trato cristiano me hacían sentirme orgulloso de ser parte del Cuerpo Ministerial de los Discípulos de Cristo. Teólogo, poeta, esposo fiel y buen amigo, no hay palabra que exprese su enorme calidad humana.

A tus pies…

A Minita, curtida en la montaña fecunda
de nuestro terruño[25]

Mirarlos pequeños era como husmear
la fresca esencia que dulce amparan
Mirarlos en grietas era rumear
el aluvión de pisadas que nunca resbalan.

Verlos encorvados
fue un anuncio esculpido
de Cruz encarnada
con Jesús escondido

Poder tocarlos, vestidos de historias,
por estas manos…
que apenas conocieron tus días finales
Destila tributo a una vida ofrendada

Verte jadeando fue también fresco verso
de un sereno adiós batallado entre cuerpos

[25] Estos versos fueron escritos luego de una visita a la hermana Minita mientras fui pastor en la ICDC *Maná*. Ella estaba postrada. Conmigo estaba su hija Damaris y la hermana Laura Berríos. Yo estuve a sus pies.

Gentil misionero

A Aníbal Rivera Luna[26]

Que no se aferró a su oscuro pasado
para seguir siendo esclavo,
de aquello que lo amarró, pero que tuvo final
Y ya en la adultez, abrazaste otro norte
El amor del que Vive te sedujo ¡buen hombre!

Desde ahí comprendiste que la misión era el signo
nunca la banca engañosa, ni la vil chismería
De frente entendiste que la obra y la fe…
…son dos caras brillantes de un mismo ser
Y que no hay teología ni tampoco proceso
que no tenga esas alas que nacen de amor

Aníbal,
tu trayecto da honra a lo que significa tu nombre
Águila,
porque embiste cuando fuerte es la prueba
No renunciaste cuando el momento fue opaco
Perseveraste, luchaste… con Dios fuiste uno

Y el Eterno...se sirvió de tu mano y quebranto
cuando ofrendaste a muchos ese aliento de Dios

Hoy es tu día y merecido lo tienes
Recibe la dicha ¡que tu gente te afirma!
Y éste que escribe que te conoce de adentro
También lo celebra por tu camino fecundo

---

[26] El amigo Aníbal es un agricultor, caminante y misionero y compañero de caminos en mi estancia en Maná. El poema fue en ocasión de un reconocimiento que le hiciera la iglesia.

¿Ves?

¿Ves?
Es precioso el camino de espinas
Porque en ella te encuentras al que anima e inspira
Sus versos son llamas que acaloran tu invierno
Sus miradas son pétalos que perfuman tu estancia

¿Ves?
Es luminoso el camino de pruebas
Porque descubres la solidez del consejo inspirado
El amigo cundido en la ruta difícil
Que ostenta corona de bendita esperanza

Observa, mi amigo, que se acerca el destino
Sin mirarlo y celebrando se llega al camino
Cumplirás Su designio, finalizará tu desierto
Llegará tu momento, lo preveo, lo siento

Versos en 12 tiempos

Al Consejo Intereclesial Interamericano[27]

En la unión está la fuerza
Aunque haya oposición,
En ella veremos trampas,
de otros o de mí

Podemos confiar, Dios conoce el corazón
No te puedes mentir si quieres la paz vivir
Pues para Dios no hay nada oculto
y aun en división, triunfará la verdad

El bien proviene de Dios,
donde hay bien, está Dios
En la unidad está el poder
Permanece la unidad

El ser humano ha de escoger
entre dos banderas: Cristo o satán...
Se impone discernir
Confianza o fuerza, ¿dónde están?

En lo desparramado, Cristo está
La desconexión será fatal...
En conexión divina-humana,
siempre vendimia habrá

Más allá del dualismo: división o unidad
Otra ruta es posible, el seguimiento a Jesús
En división o unidad...
Desparramando o en orden...
En Dios o en justicia...
Pero siempre en Esperanza
Siempre en Amor

Ahí, ¡ya hemos vencido!

---

[27] Estos versos surgen de una reflexión comunitaria sobre los problemas de la sociedad, analizados desde la teología, entre miembros del Comité Asesor Intereclesial formado por la rectora del Recinto Metropolitano de la Universidad Interamericana, Marilina L. Wayland.

Elba María[28]

Al verte el domingo pasado, pensé que sería nuestro último encuentro. Al llegar con mi madre, a verte, saludé a los varones afuera: el hijo de Zoraida, Eric, su hijo Armando, y el esposo de Marielys. El ambiente insinuaba algo más. Entré. La estampa era de calma, tal vez tristeza. A tu lado, Maryelis una sobrina nieta con ojos irritados por sus lágrimas. A la izquierda Gadiel quien ripostó con una sonrisa serena y el abrazo amigo. De pie estaba Zoraida, asistiéndote. Yo me senté a tu lado y te recité el salmo 121 y tú lo repetiste conmigo *Alzaré mis ojos a los montes. ¿De dónde vendrá mi socorro? Mi socorro viene de Jehová que hizo los cielos y la tierra…* Allí charlamos, compartimos alguna broma, como es típico en mis visitas, y oramos. Tomaste mi mano por mucho rato y te quejaste con frecuencia. Tomaste un poco de jugo y tu cuerpo no lo resistió. Zoraida te asistió con un papel toalla. Todos mirábamos, ya Marielys se había ido. Pediste que te ayudaran a recostar la pierna derecha por encima de la izquierda. Te pregunté: ¿Cuál es tu salmo favorito? Tú respondiste con serenidad *Alzaré mis ojos a los montes…* Así que aprovechando al tenor (Gadiel), cantamos el salmo 121. Lo cantaste completo con algún nivel de dificultad, pero con una fe absolutamente certera. Tu rostro afligido, tus ojos semiabiertos, pero tu voz insistente, enérgica, deseosa.

---

[28] La hermana Elba Morales fue un modelo de bondad humana. La conocí como líder y como ser humano. Su belleza interior no fue opacada por las heridas recibidas. Siempre ofrendó amor, perdón y bondad.

Me quedé pensando en esta imagen al salir de allí. Yo no sé lo que es cantar al socorro de Dios en medio del *valle de sombra de muerte*. Para mí es más fácil cantar el salmo 121. Pero para ti era diferente. Tu cuerpo, tu templo, te advertía lo que habría de ocurrir pocos días después. Mujer noble y elegida por Dios, tu partida nos deja una enseñanza y un legado.

Cómo se aprecia la vida de una persona buena, que se superó ante el desatino, que miró siempre de frente vestida de amor, solidaridad, perdón, responsabilidad, ternura y muchas más cosas. Contigo viví el reencuentro anhelado, la devoción al servicio y la excelencia, la complicidad de la confidencialidad que se estila en la pastoral. El desprecio a lo injusto, poner la otra mejilla y el apego a la bondad que nunca se alejó de ti.

María Elba: Elba, del hebreo *Elbah* que significa *Dios ha jurado*; María del hebreo Myriam, que significa *la elegida*. Por ese legado, por decidir confiar en Dios, no por tradición, sino por amor, por gratitud, hoy cantas nuevos salmos con Rut, con Sole, con Ilka, con Minita, con Frankie, con Saul, con Ilia y con muchos otros y otras que se te adelantaron y participan de la más excelsa y bendita gloria de Dios.

María y Ana, Ana y María

A Ana Sierra y María Galay[29]

Convocadas y elegidas por la voz del Redentor
Se miraron así mismas como siervas de amor
Protegidas por su Ala con talento y temor.

Alegres, aguzas' y suspicaces
Listas para dar sin esperar
Dando apoyo a sus pastores
A tiempo y fuera de él
sin valorar lo innecesario

Y desde historias de servicio,
abundantes y valiosas,
a pastores, laicos y amigos,
unieron sus lazos benditos
en este proyecto de Dios

Activaron su experiencia
Renovaron su energía
Con compasión y gallardía
Siempre dando millas extras

Como lo hizo ya El Señor
hoy les damos homenaje
Reconociendo lo que han sido
para todos en el barrio
Santas rosas que perfuman
Servicio, fruto y sublime amor

Ana y María, María y Ana
Dupleta que no se *juye*
Que agarradas del que suple
Demostró con valentía,
que el Reino
¡entre nosotros está!

---

[29] Ana Sierra y María Galay, como muchas otras personas, dedicaron muchos años de su vida a apoyar los esfuerzos comunitarios del Proyecto comunitario ACTIVATE en Dorado. Estos versos se presentaron en ocasión de su, bien merecido, reconocimiento.

Ecclesia

A las iglesias de Sierra Linda, Santa Rosa y Maná

Bellas palabras de vida
Son las de Cristo Jesús
Ellas alientan mi alma traen fortaleza y luz…

Todavía recuerdo el olor de tu templo,
La tarde serena, silente y risueña
De la política a la religión
Caminaba en dos aguas
Que entrelazadas me ungían
En incipiente misión

Todavía recuerdo a la banda Aposento
Y también a los viejos que modelaban amor
Que custodiaban locuras
de este joven pastor

Recuerdo a Rurico, a Lupe y a Zaida,
Y de Heriberto su potente verbo
La sonrisa de Blanca
Las devociones de Bula
Recuerdo a Willie en el Coro
siempre inmenso y cabal

Recuerdo tanta elegancia
de tantos bellos hermanos
recuerdo a Anita y su fe
la que movía montañas
y a su hijo Pancho
modelo de honor

Recuerdo a Herbert pintando
Con lienzos sublimes
su arte mostraba
la soberanía de Dios
Recuerdo muchas
generaciones danzando
padres, hijas y nietos adorando a su Dios

Recuerdo esa última clase
Lleno el salón de pupilos
Que luego a las aguas bajaron
haciéndose esclavos de Cristo

Recuerdo a Dominguito como recuerdo a su Ester
Binomio de energía, ternura y poder
De bellas sonrisas y jugosas palabras
Repletas de ciencia, sabiduría y de fe

Recuerdo a tantos y a tantas
que mucho enseñaron a este vil soñador
Antojado de llevar mensaje de vida
Que marcado quedó por su amor caluroso
Y con júbilo exalta ¡Sierra Linda y querida!

...

Iniciando el milenio, con Ester en su vientre
Iniciamos camino a la costa dichosa
Política afuera, integrando historias
Caminando en familia a una nueva jornada

Así fue Santa Rosa
Tierra fértil y tierna
Calor y salitre
La cancha y el parque
Sin olvidar las barritas y el oportuno billar
Allí nos fundimos en los cuatro caminos:
Guayabo, Jazmín, Combate y la principal
Empezaba en la iglesia y terminaba en la iglesia
En el medio el comité
por un Santa Rosa mejor

Fueron días de gloria
Entre sueño y dolor.
Las sillas, proyectos, la pastoral familiar
Las células, las fiestas, el arca infantil
El coro de niños, los campamentos con Bebi
Que sacamos al punto y allí estaba Pocho
Caminamos unidos dando comida al hambriento

Nos unimos *ecclesias*
Para al barrio servir
Allí aprendí a cemento ligar.
Se pudo integrar
comunida' y religión
Alegría y espíritu
Experiencia y poder

Pero, sobre todo,
lo que más valoré
El ser pastoreado, cuidado y guardado
En ninguna otra estancia
Lo he podido encontrar
Porque fueron ustedes
amados "rosenses"
los brazos que Cristo usó para amar

Pero no pude seguir
este empuje de amar
Sangraba una herida que creaba algo nuevo
Otro sería mi derrotero
Nos dijimos adiós

En la última *cena*
serví comunión a los chicos
No fue merienda sino Pan de Vida
Me arrodillé frente a ellos
cual vaso de Dios
Le di pan le di vino
Mañana solemne
Que Jesús es verbo y no sustantivo[30]
...
Luego de agendas, retomé el digno surco
A la dulce ladera
A la iglesia del Valle
El Maná de mis amores

---

30 En este último sermón culminé con la canción del cantautor Ricardo Arjona, del mismo título.

Recuerdo convivir entre hombres de tierras
Vi confundirse el lomo y el tallo
Las venas sudadas y el fruto esperado
Allí comprendí lo que dijo el Maestro
Lo que le pasa al surco cuando se mira hacia atrás

Protegimos la cuenca del río Maná
El del valiente poeta
Donde Moisés[31] descansó
Allí conviví entre gente muy diestra
Loa continua al trabajo veraz
Se servía y se exigía
¡Que enorme valía!

Cantera de artistas
los de la iglesia del Valle
La poesía, el cuento,
el teatro, la prosa
El cantar, el comer,
el reír y el llorar

Todo fue intenso
Breve y eterno
Con ustedes camino…
Es de ustedes mi sueño.

---

[31] Del testimonio de hermanos como Lucas Morales, supe que el Rvdo. Moisés Rosa Ramos durante su pastorado en la Iglesia del Valle, bajaba a esta sección del río Manatuabón y se acostaba entre sus piedras. Maná fue su último oficio profético.

Cercanía

A Santa Rosa

Me han hecho maestro sin recibir maldición
Me han hecho pastor ¡Que gran vocación!
Ministerio de vida, pasión y calma
Virtudes que la *Santa* anhela y clama

Al verte en primicia conocí tu dolor
y los he acercado a mi corazón
Los he hecho míos,
te amo te protejo
Y en ocasiones diarias por ti oro y velo.

Te amo mi santa, eres bella e intensa
Y esto no es cumplido, es profecía, es canto
Es salmo, es palabra divinamente inspirada.

En la tarde reflexiva, en el tapón o en la siesta,
O la cena o la merienda.
Pienso en ti mi bella "rosa" y mi corazón se alegra.

Porque eres escuela
Y mi cercanía es cierta.

Juntos para este mundo somos ministros
Viviendo nos damos brillo
Caminando, cercano, a tu lado
contigo al Espíritu sigo

Comparanzas

(a Maná)

A que compararé la estancia en el Valle
Aquella que llega cuando menos se espera
La ruta que asumo siguiendo una huella
La del maestro más fino, Señor del Maná.

Maná es como la miel del panal
Que no solo es dulce,
sino que alimenta a la vez.

Maná es huracán y poesía
Revuelto en deseos de seguir al Gran Guía
Inmenso en versos de lo que serán algún día
que nunca fue enante y que lucharán con porfía.

Maná es como soñar con el ojo entreabierto
En la seguridad del descanso pero con fervor por ver algo
Es la ansiedad de crecer y ver crecer el gran árbol
Mucho más que una iglesia, un Reino encarnado.

Maná es caminar día a día
Soñando y despierto es igual derrotero
Andando y llorando como decía el salmista
Pero seguro veremos nuestra noble hidalguía.

En los sueños confiamos que el Jíbaro creador
Dirige la orquesta de órganos incesantes
Cerramos la vista a lo que nos depare el instante
Confiando que en la mañana nos levantará su calor.

Dos hermanos

José Tomás:
el hermano al que Dios engrandece

Antes de mi umbral me conocías
Imagen de Dios en mis primeros días
Te conocí, mirándote, observándote
Tras de ti y cuando no estabas, anhelándote.

Típico hermano menor, caminé con tu influencia
Buenas y malas, pero siempre tus agendas
Las mías no despegaban, caminaba en tus pisadas.

Pasó el tiempo y fui creciendo, fui viendo tus lamentos
Tus desenfrenos, tus defectos
Desarrollé mi identidad
Bajo el secuestro de tus andadas.

Tu semilla alimentó mi ser
Fuiste oposición, conflicto, egoísmo
Luchas, encuentros y desencuentros
El desaliento, la distancia y agotamientos
Mucha ansiedad la de aquellos días…

Te fuiste y te repusiste.
Metamorfosis que no termina
pero avanza en el tiempo.

Tu vida hoy es mejor que ayer, ¡gracias al ayer!
He vuelto a anhelarte y has vuelto a enseñarme
He vuelto a mirarte y seguir tus pisadas
En mis noches oscuras, has sido mañana
En mis grandes errores
me has levantado el alma
En mi muerte has sido la Gracia

A Edwin Fernández Bauzó

Fundador del Colectivo Idelologías y Vivencias de los Géneros

Generaciones violentas
Las que han formado la patria
Que para nos es el mundo
Culturas, historias y danzas

Allí se curte el "infame"
Que lo es porque anhela otro rumbo
Otra sonrisa, otro querer
Desamarse a sí mismo

También se forma y se informa
el que anhela la paz
Que se cansa del yugo como dijo Neruda
Allí quedaste inscrito fiel y próspero amigo

Pero no prospero como Font
ni como el monarca Trump
Tu riqueza era otra
La que nace de amor
Que se alimenta en lo justo
Que boga mar adentro con ojos de Dios
Que inspira con su verbo elocuente y genuino
Que motiva con la sonrisa calmada
Que energiza con miradas y gestos
Que espiritualiza lo que se concebía materia, razón, pensamiento…

Que fuiste próspero pero no como Font
ni como el monarca Trump
Porque vertiste tu verdad y permitiste rehacerla
Porque no te guardaste la verdad aprendida
De tus hijos maestros que fueron escuela
Tus amigos te honran en esta breve encomienda
Y con gratitud te declaramos
amigo de profunda riqueza.

A Kathy

A mi hermana

Fuerza y ternura engalanan tu estirpe
Virtudes y luchas emergen en ti
Hija y hermana en fecunda armonía
Mujer de pureza y encarnada nobleza

Una historia de luchas acompaña tu andar
Un camino de espinas donde hay rosas sin par
La presencia del Cristo que acompaña tu andar
Desde tu vientre materno en gloria especial

Mujer de Dios y dadora de sueños
A tres crías dichosas has lactado un proyecto
de pureza, esperanza, valor y sustento
Maternidad asumida en creencia y lamento

En tu vida, te celebro contento
No por ser hija, esposa o madre abnegada
No por los logros que tu vida perfuman
Más bien por lo que eres: mujer

Desde tu gen has luchado y marchado
al amparo de un Dios
que te abraza
sonriendo a tu lado

Un abrazo en tus sueños[32]

A mi primogénito Emanuel Ernesto

Eres sol que alumbra mi mañana
Eres luna que descubre mis entrañas
Lo que quiero ser en la vida
Y lo que no puedo alcanzar en mis días

Eres posesión y eres aventura
Eres presión y eres ternura
Abrazarte en tu sueño es aliento
Es como abrazar a Dios
y escuchar su silencio

¡Cuanto te amo!
Y cuanto lo siento
Que no soy propicio a tus descontentos
Los abiertos, los silentes,
los quejosos e inconscientes
No puedo cumplir, me avergüenzo

Eres demasiado grande para mí
La razón me lo grita
Por eso acudo a ti, Señor, mi siempre guía

Y que al menos controles tú
a tan hermosa cría
brindando calma
a mis angustiosos días

Para poder disfrutar desde la fe este encuentro
el amor con mis hijos
Donde, al fin, sonriente te veo

---

[32] Una de las verdades que se extraen desde el testimonio de Jesús es la importancia cardinal que se le brinda a la niñez. Los próximos seis poemas nacen del interés de aprender de mis dos hijos y mi hija. En el ejercicio de amor al criar, los hijos nos enfrentan con nuestras propias contradicciones. La grandeza estriba en reconocer que un hijo siempre es un maestro. De ahí, podemos reconocer que no hay manera de crecer que no sea escuchando a la niñez.

Juguemos

Los niños deberían juntarse al menos una vez al mes
para hacerle un bien a todo el mundo
(La Edad de Oro, José Martí)

De donde salen las cuitas que adornan su hermosura
Una mirada perdida que antecede su emoción
Un juego de muñecos que devela una agresión
De una vida que se cierne en medio de su andar

La sonrisa de historias que muestran sus llenuras
Sus alegrías, que no esconden los dolores
Los que no articulan, pero se sienten y duelen
Que marchitan las miradas cuando no hay solución

¡Pero la hay, mis queridos!
En presencia y delirio
Ustedes mismos son aluvión encantado
su hablar, murmurar, pelear y reír
es el bálsamo que alivia y que da libertad

Juguemos mis niños, que para luego es tarde
no en la calle imaginaria
sí en la ilusión que es hermosa
Aprovechando el momento
desafiándolo intenso
porque sin duda se irán
y llegará su gran día

Sus cuitas salen de éste que observa sus vidas
Y que se deja tocar por abultada hermosura
Hasta dejarse arropar por el sonido del canto
de tres hijos sonrientes
que juegan amando y sanando

Expuesto a morir

A Daniel Josué mi hijo menor[33]

Eres juez y enderezas mis pasos
Ante enigmas de vida que no logro entender
Escapas la muerte recordando presencia
y cubierta de un Dios, que ha sido, y es fiel

Ya han sido dos, los momentos de angustia
que han retratado el potencial de perder,
tu estirpe graciosa y tu caricia que sana
que embalsama esta pena que inunda mi andar

¿Qué eres, o quién? mi querido Daniel
¿Por qué sobrevives el espanto fortuito?
¿Por qué tu lágrima dulce al pensarte con Dios?
Al sentir Su presencia, a tan temprana mañana

¿Qué luz arrastras y qué lección encierras?
Que no sea instrumento de tu bello Escultor
Quien te pulió a Su antojo con herencia escogida
Y te depositó en nuestra historia, a su Gloria y Poder

---

[33] Estos versos fueron escritos luego de estar a punto de perder a mi hijo menor en un accidente de tránsito. El nombre Daniel Josué significa *Dios es mi juez que endereza.*

Adolescente

A mi hija Andrea Ester…

Ya no tomas mi mano
como antes lo hacías
Ya tu mirada no brilla
como en aquellas mañanas
Tus días se extienden
Y aquel héroe que fui
ha dejado de ser

Tu cabello robusto
tu mirada profunda
Tu pensamiento escondido
Lo que no dices ya

Nuevas historias ocupan tu alma
La amistad, el amor, la influencia indebida
La lectura voraz...
...tu refugio y alcoba

Mi abrazo triunfante
te creyó poseída
Alimentado estuve
por tu espontánea sonrisa
Esa voz juguetona
Que desafiaba tormentas
y que extirpaba tumores
de las angustias que sufro

¡Que te creía mía!
Y ahora perdida...
Añoro esa niña,
añoro su infancia
como extraño la mía

Engañoso este apego
el que me hizo pensar
que yo siempre sería
ese intocable galán
A quien tu mirarías
en la tarde miedosa
o en la noche serena

Hoy se caen los muros
Desaparecen los mitos
Y con ellos voy yo

No importa mi reina
¡me amas! Lo sé
Pero nunca te tuve
Tu eres de Dios

¡Valió más!

Ante la primera estadía en Morton
de mis tres grandes héroes[34]

Me valió más el beso en tu mejilla
Ya resolveré los afanes del día
Me valió más, pedirme que me fuera
Pues demostraste que vives más allá de mí

Me valió más el abrazo solidario
que validó mi visita fugaz
Un abrazo maduro y lleno de paz
Que me afirmó al verte partir

Me valió más el sacrificio por ti
Que dar rienda suelta a mis placeres de antaño
Me valió más vivir en lo poco
Porque lo mucho vendrá y tendrá su momento

Me valió más saber que son reino
Y que vale la pena caminar junto a ustedes
Me valió más la herida que sana
Porque gracias a ella los dejo volar

Me valió más soñar con su ruta
Porque es bendita y llena de gracia
Me vale más dejarlos crecer
Ustedes son y serán
su camino y destino

---

[34] El campamento Morton es un centro de retiro de la ICDC, ubicado en el municipio de Barranquitas. La denominación acostumbra a organizar campamentos para niños, adolescentes y jóvenes durante el verano.

Mujer de 21 años

A Andi

Ya no piensan por ti
Ya eres dueña de tu andar
Ahora vas con tu propia mirada
Andando y llorando y siendo feliz

Mirando atrás, pero no anclada
Abriendo los surcos que quieres sembrar
Siempre valiente, callada y potente
Nunca alardeando, tu paso es fecundo

Oh reina Ester… Tu reino eres tú
ya nosotros te dimos entre aciertos y errores
Siempre motivados por un grande amor

El amor por ti, antes niña, hoy mujer
El amor a Dios que inspira y obliga
El amor de un padre que jamás abandona
Con la esperanza de verte volar y brillar

Madre soltera[35]

Imagen de caracol
divagas lenta en ruta a la cima
Tus marcas corrompieron espinas
y tu dolor te encumbró al esplendor
La presión por competir se extingue
por una mayor, subsistir
Llegar al otro día. Llegar bien. Llegar con vida.
Que tus hijos tengan ropa, alimento y algunas cositas
Que no estén solos, solas
Que no caigan ante la seducción de un
mercader
que invita al degenere desde el aula de instrucción
Velas porque tu hija aprenda a escoger bien,
Porque tu hijo aprenda a ser hombre y no animal
Pero te cuidas de no trasmitirle las ironías vividas

Empezaste a pensar en ti…
pero se impone cortar la ilusión
Los niños necesitan hacer las tareas, necesitan dormir bien, tomar los
medicamentos, las vitaminas, las cartulinas, comer
De momento te frustras y quieres que aprendan a competir,
a no ser como tú
Hacer dinero, mucho dinero, hacerlo rápido
No quieres que sufran como lo haces tú
No quieres para ellos esa soledad
que ante todo subyace

Por fin, se acostaron, un ratito para ti
Comienzas a llorar, soñar, a orar
El sueño te abraza encorvada
Adolorida por la vida
Y un día más, no tuviste tiempo para ti

[35] Los poemas siguientes nacen de las concepciones de lo que es ser hombre y ser mujer en la sociedad patriarcal. Cada poema es un cuestionamiento desde la praxis vivida y las opciones de vida que provee la reflexión del texto cristiano y la justicia de Dios. Leídos con detenimiento e interés representan propuestas para un camino de paz y amor en todas las relaciones humanas.

Madre soltera
mitad de cualquier población
tu camino es ruta de resurrección y de cruz
Tu fuerza es tu lucha,
que desata violencias,
desigualdad, prejuicio y traición

Destruyes con tus juicios
ideologías de maldad
Con tu vida enseñas que la vida no es del primero,
Sino de quien porte el Espíritu de valor incansable
El Espíritu del Dios que te dio vida
y te ama incesante

Dios padre…padre íntimo

Ante la esperanza de los sueños
y el derrotero de lo que espero
mi aliento divaga por infiel sendero
Tú, invisible, incertero, fugaz

¡Dónde estás mi Señor!
Te creo padre que exige comportamiento
patrones, valores
y quien sabe qué otros cuentos
No te siento, me desaliento
La vida corre al desierto
Que me acecha, me invade, me aisla

Estoy cansado de mostrar mis escudos
Con perfecta fachada
pero el corazón herido

Esa es la hombría que he absorbido
Ser padre es ser macho
todo un toro cabrío
Que no ríe, no llora
solo labora su sobrio camino
Controlándolo todo sin controlarse a sí mismo
…
Entonces, llegaste hijo mío a ser luz del camino
He conocido que en su vientre
hubo verdad escondida
que se revela en la noche
y me despierta tranquilo
Cuando veo en tu sueño
el calor de un amigo

Ahora comprendo, Dios,
pero no como hijo,
como padre esta vez
Como aquel que co-crea la imagen fiel
que comparte el amor
que nos transforma a la vez

Sí, Señor
porque mi amor por mis hijos
ha sido tu amor
la intimidad que vivo por ellos
se origina en tu amor
El amor por el otro se basa en su amor
El respeto por todos es producto, es calor

Ahora no solo te pienso
también te siento
Te escucho sereno ante el desaliento
El cayado en fracaso me infunde tu aliento
Ante el dolor eres voz que a mis huesos es viento

Cuando siento en Ti
Padre y subrayo, <u>Padre</u>
Te puedo alcanzar sin competir
porque lo tengo todo
porque te tengo a ti
El amor, el respeto,
el valor, lo que anhelo
plenitud para vencer
ante el mundo imperfecto

El sentido de lo íntimo
me embriaga certero
porque caminas conmigo
como camino con ellos

Como caminó mi padre conmigo

Valiente y sincero
Explosivo, cambiante
pero siempre un amigo
Capaz del perdón
presente conmigo
Nunca ausente
en mis terrenos vividos

Paternidad es presencia, intimidad, ternura
Es amistad, confianza segura
No es galardón ni trofeo vanal
Es la conciencia de una mano segura
De un regaño, de un apretón
de un observar, de un buen llanto
una sonrisa y momentos de agrado

Es saberse encontrado,
amado y *mimado*
por un Padre que ama
incondicional lo creado

Es también reconocer en el Dios
que hoy llamo Padre
a un amigo que camina conmigo
a todas partes

No te llamo virtuosa

No te llamo virtuosa porque eres útil
Sino porque eres el signo
de la Presencia de Cristo

No te llamo virtuosa porque hay un hombre
Sino porque tu valor emana
de tu don inefable

No te llamo virtuosa porque sufres por otros
Te llamo sabia porque te levantas

Tu virtud
no emana de tu silencio mortal
sino de tu expresión tierna y graciosa
aferrada a la vida
y de cara a la muerte

Eres vida, vida, vida,
dignidad, valor, alma
pasión que no se esconde
que alumbra en la mayor tiniebla

Virtud que no se somete a nada
que no sea el deseo abundante
de la naturaleza de Dios

Yo te salvaré

A *Cuchito* Miranda, mi padre

No te preocupes yo te salvaré
y tu dolor se convertirá en esperanza
Tu vacío se llenará de cariño
El rechazo te hará más fuerte
tus versos volverán a dar brillo

No te angusties yo te buscaré
y sonreiré a tus bromas
Te haré sentir bien
y recobrarás el aliento

No te desesperes yo estaré contigo
cada palabra y cada acción
escrita en justicia
tendrá tu perfume
y tu dolor y quebranto

No te mueras, yo no moriré
Estarás vivo en mi lucha
Y la libertad del escucha
¡también nos librará!
Porque somos uno y lo mismo
y mi misión de esta vida
descansará en tu agonía
y la convertirá en salvación

Soberanía

Cuando hagais de los dos uno
y hagais el interior como el exterior
y el exterior como el interior
y lo de arriba como lo de abajo.
Y si establezcáis el varón con la hembra
como una sola unidad de tal modo
que el hombre no sea masculino y
la mujer no sea femenina…"
(Yeshúa, sobre cómo entrar en la soberanía,
Evangelio de Tomás, logion 22)

Etiquetas que intentan validar una historia
Ceñida entre guerras en lo poco y lo mucho
Donde la religión ha sido, y es, juez y parte
Seducida por la gloria al lograr disociar

Ser hombre o mujer, nada más cuenta
Y definirse en el otro desde extremos opuestos
Negando lo igual con etiquetas exactas
Convencido el conforme que no se atreve luchar

Sin embargo, Yeshúa, tu anhelaste otra cosa
Que se registra en versos que no fueron sagrados
Que, espirituales, carnales, cambiarían sentidos
Subversión al legado patriarcal agresivo

Comunidad de iguales representando equidades
Reinterpretando visiones, cambiando surcos de muerte
Encarnando el Reino de un Dios que se humana
Inmanencia que transforma la guerra y la paz

Y me permite mirarme como un ser tan súblime
Como la otra que vive del mismo calor
Que respiramos la brisa
Que nos cobija su sombra
Que nos alienta su espíritu
Que nos anima su gracia
Que nos ama su entraña
Que nos perdona su don

Ser hombre o mujer…es ser hombre y mujer
Lo distinto es lo menos y no insinúa dominio
Si observamos veremos donde reside la dicha
La fuente de vida…
la soberanía…
ver que en la otro estoy yo,
y en el otra también

Y ser amada también…

Te levantas con la honra de servir y de amar
Luego descansas, refugiada en la culpa
que otros te siembran dejándote ahogar

Cual semilla de ironías
que cimentan tus amores
Alimentando tus pétalos
en aguas de sequedad

Te encapsulan entre exigencias
en su insaciedad de recibir
No ven cuando no respiras
y no te permiten vivir

Y lo crees y lo asumes
ese engaño y antifaz
Un amor que te mata
lentamente en tu andar

Es el esposo, el hijo
la hija y el particular
Son todos aquellos
que atropellan ese don de santidad

Cuánta gracia has mostrado
cuánto poder regalado
y cuando en silencio te acuestas
lloras tu asfixia en soledad

Y te vuelves otra fachada
como la de los que no te dejan pasar
de ser madre a mujer
persona digna de amar

Recibir es parte del dar
regálate a ti misma momentos de disfrutar
Da un paseo, lee un verso
camina en felicidad
Pero solo aquella que te deje respirar
la presencia de Aquel
que abre fuentes de par en par

Que no te niega el aprecio
cuando aplasten tus sueños
que te mira contento
y te provee sustento

Que te convida risueño
que te mimes por dentro
Que abras tus brazos al cielo
para que quien te llame madre
vea en ti lo que eres
la imagen de un Dios viviente
que desea amar
pero ser amada también

¡Madre, no morirás!

A Elsa de los Santos Reyes, mi madre

Oh, cuanto amor deshojan tus rosas
Cuanta ternura tus manos revelan
Cuanto calor de la tierra que naces
Portadora de almas y de amor a raudales

Oh, madre, nunca mueras
Porque en mí te fundiste
No dejes de ser
Pues tu calor me hizo libre
No asciendas al trono
A menos que sea conmigo
Tú provees valía y un cariño abatido

Oh madre, no te mueras jamás
Porque en ti encuentro aliento
y un lugar que es oasis
Es la entrega que vives
o el dolor con que mueres
o las ansias de amar
que te envuelven en llamas

Que tu fuego, no se apague jamás
Pues no hay mar que con furia lo extinga
Eres madre, eres vida,
bella herencia escogida

Y tu norte es el mismo
de las profetas de antaño
Las que aferradas al Reino
vivieron y murieron amando

¡Oh gran mujer de muchas almas!

Anuncio de humanidad
Roble de misericordia y piedad
Tarraya que atrapa la virtud
que proviene del Creador
Eres sol que ilumina el horizonte

Pero tu luz no nace de la quietud
Se origina en el dolor
Se energiza en la injusticia
de la cual te haces receptora

Porque sufres, madre…
sufres la pérdida de la dignidad de otros
Te conviertes en hombre incompleto
en receptora, en pedazo de materia
cautivada por la inseguridad de aquellos
que se niegan la libertad

Te esclavizan
y a veces tu misma te cansas
perdiendo el amor por vivir
Morir y vivir

Pero tu, oh madre de los santos reyes,
resplandeces
Te levantas ante la llamada de la aurora
Tus actos afirman
que no hay imposible para Dios

No eres cadenas
mas esperanza que no avergüenza
Tu discurso es potente
Es transformación
es salvación

ENCUENTROS Y DESENCUENTROS

Empatía

Imaginé que nos mirábamos de forma cariñosa
Imaginé tu cara triste como quien destila dolor
Imaginé tu belleza derritiéndose en sí misma
Imaginé una lágrima que tocó mi corazón

Entonces,

Me creí con dolor y te albergaron mis brazos
Me creí con tristeza y te regalé una sonrisa
Me creí con belleza y nos fundimos los dos
Me creí un mar de llanto y nadamos profundo
de corazón a corazón.

Voto

Que es un voto sino es lo que es
La palabra empeñada
El camino cegado
La voluntad que se entrega
Una ruta que inicia

Que es este voto sino es lo que es
El anhelo de un reencuentro
El deseo y la palabra
La confianza de la entrega
El ansia de amar…
y dejarse querer

Que es este voto si no una promesa
La de amar, reír, soñar...
Durmiendo o despiertos
porque el vivir mucho agrupa
La de ser y dejar ser

Este es mi voto y también mi promesa

Caminaré contigo de manera perenne
Desafiaré el destino desde el peligro de amar
Respetaré lo que eres, ser humano y mujer
Respaldaré lo tuyo como lo haces conmigo
Cultivaré mi espíritu, te escucharé cantar

Te escribiré nuevos versos
desnudando mi alma
y me verás tal cual soy
Porque nuestros rostros más viles
nunca espantaron esta sed de amor

Mi voto será
caminar amándote
Y todo lo que encierra tan peligrosa palabra
Afirmando contigo esperanza y justicia
Sin jamás olvidar cómo nació nuestro encuentro...
Porque la espina que hiere tiene su rosa
y tendrá su jardín.

40

No es nada y es mucho a la vez
Una historia que pronto termina
Nuevos cuentos que tocan tu puerta
Una muerte, un nuevo sendero
No es nada si decides mirar
Con la fe pequeña
de la que hablaba El Maestro

Y es mucho, manceba, si lo ves tal cual es
Y no es nada, aunque lo fuera una vez
Sí, es mucho el sueño y el deseo de andar
Lo que fue mucho, lo que te hace pensar
tuvo su tiempo y hoy su final

Ahora…
Respira… y siente la brisa
Observa esas olas que vienen a ti
Imagínate mucha y vestida de reto
El que siempre soñaste te hace brillar

Arrojada encomienda
que nos viene del cielo
La de ser feliz
la de vivir en paz

Pizca de esperanza

Si al terminar este día
el sol no encontrara amanecer
Dormiré sin duda
la mejor de mis veladas

Si mañana me llegara
la noticia más penosa
Sería dichosa
porque vendría de ti

Y si solo me sintiera
en un sueño de impotencia
Recordaría que tu torso
descansa en mi costado

Si agobiado pensara
en el pesar de mis escombros
En el fondo y bien adentro
brillaría tu sonrisa

Y allí, maravillado en tu mirada
y observándote pintar
Diría al Creador,
esta vez con esperanza,
todo pasa buen Señor,
Me ha mirado y tú también

Para qué…

Para qué he de llamarte si tu silencio ensordece
Para qué he de pensarte si no convivo en tu mente
Para qué rebajarme si no valoras mi verso
Para qué desnudarme si en tu cuerpo no yazgo
Para qué inspirarme en un aliento distante
Por qué he de esperarte si no mereces mi cuerpo

Porque el cuerpo obedece a la pasión que persigue
Porque tu aliento distante, aún de lejos, acaricia
Porque mi alma desnuda solo grita tu nombre
Porque solo a ti pertenece mi verso
Porque mi mente no habla si no dibuja tu rostro
Porque aún tu silencio es portal de esperanza

Fusión

Sonrisa de lienzo
Voz y brisas
Caricias de vientos
Erotismo celeste

Vuelvo a tu encuentro
Pertenezco a tu sombra
Silueta atrevida que dibuja tu entrada
Que unidas revuelcan toda el ansia de dar

Quiero fundirme hasta reír nuestros cuerpos
Sentir tu caricia que me invita a volar
Besar tus labios que esperan mi aliento
Amar a lo eterno,
ya no hay vuelta atrás

Naguabo

Siento las olas
Escucho la bruma mirando el océano
Inmenso cual es
Desde el oriente naciente
El nuestro, el cimarrón

Allí, te observo
visitando historias
Las que andaste y lloraste
Hasta encontrar un cauce
El faro está cerca
Lo descubrimos los dos

Habitamos infiernos
Y hoy yacemos en gloria
En oriente un reencuentro
Qué difícil llegar...

¡Pero lo hicimos!
Contra viento y marea
Y con toda ella...
Resolvimos la vida
Camino al andar...

Siento tu voz
Escucho tu ansia
Miro tu rostro
Siento las olas...
Las escucho revueltas
Y en tembloroso tumulto
Te escucho cantar

Augusto

Por qué miras con angustia
Si soy tuyo y yo lo sé
Inseguro en mi trayecto
Algo alcanzo ¿No lo ves?

Por qué escondes tu sonrisa
Si ella esculpe un paraíso
Me penetra tu dolor
¡Ya me siento hasta culpable!

No habré de perder
Ni uno solo de tus gestos
Miremos desde adentro
Consumamos nuestra angustia
yo, igual, tengo mis dudas

Y resuelto este quebranto
Que también nace de amor
Liberados quedaremos
Hechos uno en el dolor,
hasta ser uno en el amor

A un año

Me gusta tu sonrisa
Ella juega a la inocencia
Me gustan tus ojos
cuando miran con sospecha
Me gusta tu *mjm mjm*
cuando quieres ser coqueta
Me gusta tu gemir
al encontrarme con tu esencia

Y en ese fluir
que no sacia y que me gusta,
esa picardía tan sabrosa me seduce
Ahí vuelve tu mirada
Esta vez más convencida
Acompañada de esa risa
no inocente
y que tanto uno disfruta

Miraste una mañana
Y te sorprendió un dolor
Imaginaste vivir un sueño
que nunca llegó
La maldad sacudió tu cimiento
Te endureció el corazón
Y amilanó tu esperanza

Y decidiste errar
como consuelo que engaña
Lo que hacemos aquellos
que miramos atrás
Esperando una imagen
que nunca se encarna
Desnudando ilusiones
de nunca acabar

Hasta que llega ese día
perfumado y valiente
cuando se antoja el sol de salir otra vez
Y esta vez desafiando
ese frío nocturno
Abrir esa puerta y recibir su calor
Y darse una cuenta que merece sentir
Que merece ser libre
para volver a soñar
Que se atreve a pensar que un Dios arquitecto
Vuelve y se acerca abriendo sendero
para un nuevo comienzo
...
Te vas y te quedas
con el anhelo y las ganas
Del encuentro, la mirada
el tocar y tu verso
Y escuchar tu salmo
ahora cantado y alegre
Que me llega bien firme
y me acaricia por dentro

Eres mía y soy tuyo
Siempre lo fuiste y lo fui
Caminamos errantes
Entre el fuego y el juego
En instancias diversas
pero que nunca olvidaron
y que hoy se funden
en una nueva mañana

En una nueva jornada
que no reprocha el ayer
que lo agradece inclusive
porque se valora de veras
Es tanto el quebranto
La tristeza y el llanto
porque sufrimos en carne
y nuestra alma gimió
Y a la fe de este encuentro
damos nuevo valor
a la experiencia vivida
a las lágrimas vertidas

A la incongruencia estilada
A la angustia y la calma
A la torpeza que harta
Al lodo que atrapa
y que dejamos atrás

Vida mía,
hoy nos enlaza
esta nueva aventura
Que comenzó aquella tarde
Cuando encontramos calor
Apoyando una causa
de desgracia y de muerte
Que nos ligó para siempre
Hoy sabemos por que
...
Estaré a tu lado
Ahora y siempre lo juro
Acompañaré tu jornada
Seremos uno y no dos
Me tendrás para siempre
Y estarás a mi lado
Seremos felices
Lo merecemos también

No te engañes

Si el sol y la luna dejaran de brillar,
tu belleza iluminaría el caminar del horizonte.
Si el mar se secara y perdiera su energía,
la fuerza de tus besos sería suficiente.
Si viviera este mundo el ocaso en su día,
lo recibiría con agrado, tomado de tu mano.

Pero, contéstame, una vez, te lo suplico
y con genuina belleza porque temo yo sufrir
¿Camina tu corazón al ladito del mío?
¿O dejaste de soñar recostada en mis encantos?

Quien ahora te corteja,
no se acerca a mi pasión
Él no llega, ni a la orilla
de nuestros besos calurosos
Relájate y disfruta
ese delirio temporal
Pero, no te engañes, vida mía
En el centro de tu esencia
habito yo primero

Adelanto…

Son alas tu voz de una función radical
Que traspasa cimientos
y no resiste quebrantos
Cansados de llantos
Anhelan placer a raudal

No peines no calmes y deja fluir
El alma irredenta que quiere surgir
Es tan tuya y de todos
los que te aman con ganas
Y no desean tu muerte, solo verte reír

Camina e irrumpe
que las musas te asisten
Te conocen y afirman
por lo que amas sagrado

No hagas caso al cautivo
Para los dones que exhibes
Que fluyan y brillen,
eres joven ¡Embiste!

Nostalgia

Quiero por los dos mi copa alzar
para olvidar mi obstinación
y más la vuelvo a recordar
Nostalgia, interpretación de Alfredo Sadel

No te rindas
Te convertirás en nostalgia
Y cuando ella se apodere
de mi corazón y quebranto,
te añoraré y te amará mi alma

Porque no existe otro aliento
para los que se pierden,
que añorar lo perdido
Es la sentencia de muerte
del que mira hacia atrás

Por eso,
y por razón de mi angustia,
que también es amor,
reverdece
Volveré a ti
Y volverás a mí

Entre abismos

Entre abismos y mares
sonrío contigo
Ignoro los ritos
y lo que más idolatro
Por verte reír
y sonrojar a mis versos

Me haces feliz
aunque sea un momento
Eso me basta
y consume mi aliento

Que eres tú si no es lo mismo
seres que aman y desean amar
Que contradicen pisadas
a riesgo y recurso
Que se enfrentan a lo puro
para que no muera más

Que en nuestros lares fecundos
sí existe un rumbo
La gracia que no resiste
decisiones tomadas
El ángel que te habita
y nos crea esperanza

Luz y sombras

Sombras que cerraron el paso a mi esperanza
Esperanza marginada por las heridas de ayer
Un ayer que entierro en mi reunión con tu piel

Eres piel que acaricia mis ateridos huesos
Tus huesos, que secos, encarnaron de repente
Un repente que nos sacude como el tiempo de Dios

Si Dios, nuestro puente,
por Él nos conocimos
Si Dios nuestro norte
al que sonrío
cuando veo en tu luz

Enamorado de mi tierra…

Caminos inhóspitos
Veredas de paz
Me encuentro contigo
en senda fugaz
Sorpresiva y radiante
De joyas que brillan
Me encantas
Lo tengo que validar

Y después de esta cita
Quiero más, mucho más
Entregarme a tu encuentro
Ahora fiel no fugaz
Esparcirte en mi aliento
Porque en ti siento paz
No te niegues, embiste
Deja ver tu calor

Lo camino contigo
Porque eres verso, que intenso…
…derrama aguas sin fin
Que me refrescan sediento
cuando eres tú y solo tú

Me encantas

Me encantas, porque sonríes como un ángel
Me encantas, porque encarnas lo que anhelo
Me encantas, porque has sufrido con dolor
Me encantas, porque has reído con ilusión
Me encantas, porque has enterrado el pesar

Me encantas, porque te entregas a mis brazos
Me encantas, porque sueñas despierta
Me encantas, porque por fin me cantas
Me encantas, porque nos desnudamos de amor

Me encantas, porque eres
Sin tapujos, sin insultos, sin sustos, sin desdén
Me encantas, porque despertaste en mi ser
el deseo inquebrantable de enamorarme otra vez

Me quedé con tu mensaje

Me quedé con tu mensaje
el que destilaba quebranto
Y desde entonces descanso
contigo en mi equipaje

Décadas de cantos
Desencantos y distancias
De sensatez y algarabías
Y recordar tus encantos

La cercanía y la distancia
Y no sucumbir al olvido
Ríe o llora en mi descuido
no me avergüenza mi caricia

Recíbela como quieras
En amistad o en algo mas
es mi verso contumaz
en realidades o quimeras

Todavía en castidad
aspiro más no te lo niego
A distancias aguas riego
buscando de ti una satería

Mirarte…

Es como aruñar vitrina impenetrable
Que se aferra a soñar lo que no pereció
Que se consuela en lo fortuito,
el momento azaroso
Que acaricia un destino
que no fue y no será

Admitamos mirarnos
Seamos uno y no dos
Coincidamos en mucho
cubiertos de amor

Yo te quiero y me quieres
Qué más da en el amor
Que juguemos cantando
Yo me muero por vos

Moriré con tu amor

No moriré desvalido
moriré con tu amor
A riesgo de pena y pesar en mis días
sonrío contigo confiando en tu guía

El hoy es eterno
cuando los cuerpos palpitan
Eres razón de mis versos,
anhelos y sueños

Mi mundo, se para contigo
y también comienza en ti

Y después de tus besos
que son deseo y sustento,
moriré
Deseando el pasado
que te trajo hasta mí

Picaflor

Nuestra historia es más grande que los cuentos de amor
Almas gemelas que no conocen fronteras
Que desnudan el alma cuando el tiempo es preciso
Entregando, ganando y no dejando morir

Aunque nunca sepamos el final de esta historia
No es importante si seguimos contando
Me consuela conocerte, corazón
Me alegra escribirte, heroína
Siempre seré tu flor…
Siempre serás mi olor
Picaflor

¡Que vives!

Por qué te encierras en el temor por mi silencio
Por qué escuchas la agonía de tu espejo
Por qué te aferras a la desazón de lo impreciso
Deja que tus sueños se cumplan conmigo

Déjate llevar por el mar tempestuoso
Déjate guiar por terrenos dudosos
Si ellos traen alegría, aunque efímera sea
Deja que el momento impregne su huella

Vive conmigo, aunque sea en mi escape
Pues es mi manera de sentirme quien soy
Vive, no aguantes el deseo de amarme
En la confianza de mis versos
cuando en tus brazos no estoy

Vive conmigo porque yo, vivo contigo
En mi insegura jornada tú eres franca certeza
Te conviertes en puerto que recibe mi entrega
Nuestros cuerpos revelan que somos uno y no dos

¡Que vivas! más allá del pensamiento
¡Que viva! más allá del dolor
¡Que vivas! más allá de lo impreciso
¡Que viva! más allá del rencor

¡Que vives! entiéndelo amada
Porque vives conmigo y yo vivo vos

Querer a lo efímero

¿Se puede querer en nueve días?, preguntó entusiasmado. ¿Será posible que mayúscula emoción toque su quebrantado vientre dolido por el desdén y seducido por el desgano? Ya entretejido entre la rutina y la frustración, amar le había costado. Muchos días de soledad le albergaban. Refugiado estuvo en brazos sedantes sin encontrar el calor que le ayudara a cicatrizar y a soñar otra vez. Pasaron muchos días, más de nueve definitivo, Y ya se iba encorvando su esqueleto de emociones; anidando la idea de mejor andar solo, por no estar mal acompañado. Un día, como era usual en él, refugiado de sol a sol en la cabaña fría del mucho hacer en día de reposo, decidió hacer una visita de trabajo. Le urgía atender asuntos de la sanidad del alma. Claro, en otros, porque esa era la forma en la que dejaban de sangrar sus heridas. Se dio un diálogo que, aunque embalsamado de expectativas, resultó ser positivamente agradable. Aunque tenía un horario de salida para cumplir con su extenuante agenda, decidió escuchar, sentir y disfrutar el momento. Así hizo hasta que no pudo más, Se atrevió a despedirse con un beso en la mejilla. Fue cálido y parco y díjose a sí mismo de inmediato "¿Qué has hecho?" Has cruzado la línea de la cordialidad. Salió de aquella casa con olor a hogar, miró al cielo y escuchó una voz en su interior *Sonríe manada pequeña, a tu Padre le ha placido daros el Reino.*

Solo tu presencia basta

Solo tu presencia basta
porque tu luz guía mi ilusión
Solo tu presencia basta
porque en mis noches frías
eres llama ardiente
Solo tu presencia basta
porque cuando te pienso,
presente te siento
Solo tu presencia basta
porque eres tú
y no otra cosa
Solo tu presencia basta
porque de tus errores
has hecho una escuela
Solo tu presencia basta
porque haces de mis defectos
una dulce instrucción
Solo tu presencia basta
porque tu voz
es dulce y me acaricia
Solo tu presencia basta
porque en tu imagen
encuentro el paraíso
Solo tu presencia basta
tú y solo tú me bastas
En aferro y agonía
en privilegio y angustia
en zozobra y vendimia
en amar y morir
En el sueño estaremos juntos
En el lecho estaremos unidos
En la entrega seremos uno
Porque la vida nos hizo presentes
La vida que es amor y que es Dios
La vida que eres tú y que soy yo

Mayoría de edad

Que ya no importa ¡carajo!
Crecieron y buscan su vuelo
Ya el verano es de ellos
Ya no seremos su invierno

Que su estirpe es bendita
Impermeable al rencor
Y la apatía y el odio
No encontrarán verdor

Retoños sonrientes
Que son riqueza y lección
Que supieron mirar
Según supimos orar

Ahora queda el respiro
Y cantar al unísono
Deja atrás lo que impide
Da rienda suelta al amor

No me mires

No me mires hoy
Darás rienda suelta a mi delirio
No me mires hoy
Pues soy sato y tu eres piel
No me mires hoy
Desatarás la mejor de las pasiones

De mi parte no te miraré
Preservaré el deseo que adornará nuestra alcoba
Fingiré mi encanto hasta revelar mi pasión
Y cuando sucumbamos ambos en la asfixia de estar
Se abrirán las compuertas de una nueva mañana

Frágil

Hoy mostraste tus más frágiles ternuras
Las que revelan que te gusto con locura desmedida
Derretiste los garrotes de tu ficticia entre reja
y te lanzaste a mis brazos desmenuzando llenuras

De momento titubeabas con un mensaje simulado
Yo me detenía para no hacerte escapar
Pero, qué va, lo tenías bien pensado
Decidiste entregarte resuelta a danzar

Y yo, lo sentí, y riposté con un beso
Repleto de ansias de quererte otra vez
Coincidimos por fin, dejando atrás lo perverso
De privarnos de vernos y develar nuestro afecto

Hoy deseo…

Hoy deseo,
y con todas las fuerzas de mi corazón,
que pienses en mí toda la semana
Que cuando te sientas angustiada o molesta
te acuerdes de algunos de mis chistes bobos y sonrías

Que cuando necesites algo privado
pienses que en mí puedes confiar
Y que cuando uses tu perfume favorito
y quieras que alguien respire tu piel,
sea yo…cerquita de ti

Lo haré por ti

No hagas nada, lo haré por ti
Sembraré rosas que perfumen rincones
Caminare haciendo pausas
que no resuenen tus temores
Sonreiré a mi angustia
cuando te sienta lejos de mí
Esperaré y confiado
que serás para mí
Detendré mi aventura
para que nazca una nueva
centrada en tu silueta
la que me invita a pecar
Porque quien mucho ama
encuentra perdón

Decisiones

Hoy decidí sentarme recostado en tu presencia
No tan cerca, no tan lejos
Respiraban nuestros cuerpos
en el lecho de lo eterno

Allí escuchamos Su Palabra
Tu allí y yo aquí
Dialogando sin cruzar nuestros deseos
Nuestra mirada esquiva
Nuestra sonrisa temblorosa
Nuestro querer tocar
Nuestro querer besar
Nuestro querer sentir las manos
en respuesta a nuestro anhelo

Maldito el delirio de fingir lo que se siente
Esas bridas que te impones no me dejan respirar
No quise mirarte, no mereces tal gesto
Si quieres alejarte, pues, yo lo haré primero
Aunque se desangre mi emoción y mi llanto me ahogue
Resistiré tu rechazo y lo devolveré con coraje

Ahora,
si decidieras, pues, mirarme obedeciendo al corazón
Y soltarás esas bridas que esclavizan tu mirar
Y quisieras entregarte a este amor sin esperanzas
Y mostrarás lo que sientes, que me amas sin manera
Me entregaré a tus brazos
y mostraré cuanto te amo

Volver a empezar

En la largura de mi extenuante día entero
Albergo risueño y deseo tu encuentro
Olerte, sentirte y verterte en mi aliento
Volver a soñar y agonizar en silencio

Lo había olvidado…
El dolor de amar
El riesgo de amar
La posibilidad de amar
La presteza
de volver a amar

A qué precio
me lanzo a esta aventura
No lo sé…
Mi vientre revela
la intención de mis adentros
La mente, los nervios
resuenan sus tormentos
Hasta el hambre pierdo
cuando no te veo

Jodienda que es volver a enamorarse
Por qué me has tocado
sin ni siquiera acercarte
Tu gracia ha acariciado
mi volcán durmiente
Hasta hacerlo explotar
con fuegos ardientes

¿Volver a empezar?
Lo haré encantado
Me arriesgo a sentirme amado
Me expongo al fracaso,
quizá al ocaso

Pero dispuesto estoy
a certeros pasos
que había olvidado,
y que hoy ante ti,
han reencarnado

No mueras

No mueras
Duerme para el reposo propicio
No mueras
Porque el sueño da rienda a la utopía
No mueras
La vida es nuestra única danza
Desde el valor que se escoja
Desde la lucha vivida
Solo basta vivir la esperanza…